JOURNAL

DES CAMPAGNES

DU

CHEVALIER DE LÉVIS

EN CANADA

De 1756 à 1760

MONTRÉAL

C. O. BEAUCHEMIN & FILS, LIBRAIRES-IMPRIMEURS

256 et 258, rue Saint-Paul

1889

COLLECTION

DES MANUSCRITS

DU

MARÉCHAL DE LÉVIS

JOURNAL

DES CAMPAGNES

DU

CHEVALIER DE LÉVIS

EN CANADA

De 1756 à 1760

MONTRÉAL

C. O. BEAUCHEMIN & FILS, Libraires-Imprimeurs

256 et 258, rue Saint-Paul

1889

A

L'HONORABLE C. A. E. GAGNON

SECRÉTAIRE PROVINCIAL

PROVINCE DE QUÉBEC

Monsieur le Ministre,

Lorsque la confiance publique vous à appelé à faire partie du ministère de l'honorable M. Mercier, un des motifs qui vous ont fait accepter le portefeuille de Secrétaire Provincial, c'est que les archives publiques relèvent de ce département, et que vous pourriez ainsi exécuter un projet que vous chérissiez depuis longtemps, celui d'imprimer un nouvel essor aux études historiques dans notre pays, par la publication de nouveaux documents inédits. Un incident survenu peu de temps après votre entrée au Ministère a mis la province de Québec en possession de la plus riche collection de

*manuscrits qui existe au monde sur la période la plus inté-
ressante de notre histoire, celle qui comprend les dernières
années de la domination française au Canada. Nul n'a
mieux compris que vous, Monsieur le Ministre, l'importance
du don magnifique que vient de faire Monsieur le comte de
Nicolay en offrant à la province la copie authentique des
manuscrits dont il a hérité de son aïeul le maréchal de
Lévis. Chargé par l'illustre donateur d'offrir en son nom
cette riche collection de documents, j'ai accepté en même
temps le soin d'y faire les annotations nécessaires en surveil-
lant l'impression, et je suis heureux d'inscrire votre nom à
la première page de cette précieuse collection, comme à un
des promoteurs les plus éclairés des sciences historiques dans
notre pays.*

Agréez,

Monsieur le Ministre,

L'expression des sentiments distingués avec lesquels

J'ai l'honneur d'être

Votre tout dévoué serviteur,

*L'abbé **H. R. CASGRAIN.***

PIÈCES RELATIVES A LA

PUBLICATION DES MANUSCRITS

DU

Maréchal DE LÉVIS

SUR LA

GUERRE DU CANADA

De 1755 à 1760

Le comte Raimond DE NICOLAY à Monsieur l'abbé CASGRAIN, professeur à l'Université Laval, à Québec (Canada).

Paris, 15 mars 1888.

Monsieur l'Abbé,

Je suis très reconnaissant à mon cousin, le marquis de Moncalm, et à M. X. Marmier, de l'Académie française, de m'avoir procuré l'honneur de faire votre connaissance. Je ferai ce qui dépendra de moi pour vous aider dans la tâche patriotique que vous vous êtes imposée, de recueillir les souvenirs historiques des dernières années de la domination française au Canada

Vous êtes la seule personne à qui j'aie communiqué les nombreux et très précieux documents inédits qui me viennent de mon aïeul, le maréchal de Lévis.

J'ai souvent pensé à faire imprimer ces manuscrits que nous avons compulsés ensemble, mais vous m'avez suggéré une idée qui me séduit.

Le plus glorieux hommage qui puisse être rendu à la mémoire du chevalier de Lévis, du héros de Sainte-Foye, comme on l'appelle au Canada, serait, en effet, ainsi que vous le proposez, que le Gouvernement de votre province prît l'initiative de la publication de ces Mémoires et de ces magnifiques Lettres ignorés jusqu'à présent.

Après cent trente ans, non d'oubli, mais de silence, ces Mémoires, écrits par le dernier général des troupes françaises au Canada, paraîtraient au grand jour de la publicité, à Québec, sur le théâtre même des dernières luttes et des derniers exploits du chevalier de Lévis et de ses vaillants compagnons d'armes.

Je ne doute pas, Monsieur l'Abbé, que vous ne soyez un très habile négociateur, je remets donc l'affaire entre vos mains.

Voici mes conditions : je ferai faire sous mes yeux une copie authentique des papiers du maréchal de Lévis concernant le Canada, et je l'offrirai à la Province de Québec, à la condition que le Ministère prendra officiellement envers moi l'engagement de les faire imprimer textuellement et intégralement, et se réservera la propriété exclusive de cet ouvrage. En tête serait placée une notice sur le maréchal de Lévis, sur sa famille et sur les liens qui me rattachent à elle, et expliquent la transmission ininterrompue et héréditaire des manuscrits.

Agréez, je vous prie, Monsieur l'Abbé, l'expression de mes sentiments respectueux et très distingués.

Signé : Comte RAIMOND DE NICOLAY.

P.-S.—Je pense que votre Administration voudra bien me donner quelques exemplaires dont je disposerai en faveur de la Bibliothèque Nationale, des Ministères de la Guerre et de la Marine, et de plusieurs de mes parents.

Monsieur Honoré MERCIER, premier Ministre de la province de Québec, à Monsieur le Comte Raimond DE NICOLAY.

CABINET DU PREMIER MINISTRE.—PROVINCE DE QUÉBEC.

Québec, 28 mars 1888.

MONSIEUR LE COMTE,

Monsieur l'abbé Casgrain m'a communiqué la lettre que vous lui avez adressée, dans laquelle vous offrez de faire don à la Province de Québec de la copie au-

thentique des manuscrits très précieux et complète-
ment ignorés que vous possédez à titre d'héritage, en
votre qualité d'arrière-petit-fils du maréchal de Lévis.

Je m'empresse d'accepter, avec la plus vive reconnaissance, au nom de la Province de Québec, ce don
vraiment digne des deux illustres familles dont vous
descendez. Les conditions que vous mettez à votre
don seront suivies aussi fidèlement que vous le désirez.
La Province de Québec fera imprimer textuellement
et intégralement les onze volumes de manuscrits sur
le Canada, dont vous voulez bien lui offrir la copie
authentique.

En publiant cette précieuse collection, la Province
de Québec s'en réservera la propriété exclusive et fera
placer en tête la Notice que vous voudrez bien lui
communiquer, et qui, en établissant l'authenticité de
ces manuscrits, leur donnera un nouveau prix. Enfin,
elle vous priera d'accepter, à titre d'hommage, un certain nombre des volumes, à mesure qu'ils paraîtront.

J'ai l'honneur d'être, Monsieur le Comte, avec les
sentiments de la plus haute considération, votre très
obéissant serviteur.

Signé : HONORÉ MERCIER,

Premier Ministre de la Province de Québec.

Le comte Raimond de DE NICOLAY à Son Excellence le très honorable Monsieur MERCIER, premier Ministre de la Province de Québec (Canada).

Réponse à la lettre du 28 mars.

Paris, 14 avril 1888.

MONSIEUR LE PREMIER MINISTRE,

J'ai l'honneur de vous accuser réception de votre lettre du 28 mars 1888, dans laquelle vous m'informez que vous acceptez, au nom de la Province de Québec, le don que je me propose de lui faire, d'une copie des manuscrits de mon aïeul, le maréchal de Lévis, concernant les dernières années de la domination française au Canada.

Je vous remercie de l'assurance que vous me donnez que votre Administration fera imprimer ces documents textuellement et intégralement, et s'en réservera la propriété exclusive.

Par leur fidélité aux traditions léguées par leurs ancêtres, les Canadiens français ont pu traverser les douloureuses vicissitudes de la conquête, sans perdre leur caractère national. Ils jouissent maintenant de la plus grande liberté civile et politique, sous la protection d'une monarchie puissante et libérale, mais la prospérité ne leur fait pas oublier la mère patrie, la France ! Peut-être l'aiment-ils davantage depuis ses malheurs.

Monsieur l'abbé Casgrain m'a beaucoup parlé, Monsieur le Ministre, de votre zèle pour la reconstitution de l'histoire du Canada français. Je suis très heureux de vous apporter mon concours dans cette noble tâche, et je vous prie, Monsieur le premier Ministre, d'agréer l'expression de la haute considération avec laquelle j'ai l'honneur d'être

Votre très humble et très obéissant serviteur.

Signé : Comte RAIMOND DE NICOLAY.

Monsieur F. G. MARCHAND, président de l'Assemblée législative de Québec, à Monsieur le Comte Raimond DE NICOLAY.

Québec, 15 juin 1888.

MONSIEUR LE COMTE,

J'ai l'honneur de vous transmettre une résolution adoptée unanimement par l'Assemblée législative de la Province de Québec, vous témoignant sa haute appréciation du don magnifique que vous avez bien voulu offrir à cette Province.

Permettez-moi, en m'acquittant de cette agréable mission, de vous dire que la population canadienne française appréciera infiniment ce précieux cadeau de la part du petit-fils d'un des héros de notre histoire, dont elle a conservé le plus sympathique souvenir.

Veuillez agréer, Monsieur le Comte, l'assurance de ma plus haute considération.

Signé : F. G. MARCHAND,
Président de l'Assemblée législative de Québec.

***

Le comte Raimond DE NICOLAY à Son Excellence le très honorable Monsieur MERCIER, premier Ministre de la Province de Québec (Canada).

Paris, 28 juin 1888.

MONSIEUR LE PREMIER MINISTRE,

J'ai lu dans le journal *le Canadien*, l'accueil si flatteur et si honorable pour moi que la Chambre des députés de la Province de Québec a fait à l'hommage que j'offre à votre pays, de la copie des manuscrits de mon aïeul le maréchal de Lévis. Je ne doute pas qu'ils n'intéressent vivement les descendants de ces Français du Canada pour qui et avec qui il a combattu.

Je suis bien sensible à l'initiative que vous avez prise de me faire voter des remerciements pour lesquels je vous prie d'exprimer toute ma reconnaissance à la Chambre des députés de la Province de Québec.

Agréez, je vous prie, Monsieur le premier Ministre, l'expression de la haute considération avec laquelle j'ai l'honneur d'être

Votre très humble et très obéissant serviteur.

Signé : Comte RAIMOND DE NICOLAY.

ASSEMBLÉE LÉGISLATIVE DE QUÉBEC

Québec, 11 juin 1888.

Sur motion de l'honorable M. Mercier, premier Ministre, appuyé par l'honorable M. Taillon, chef de l'Opposition, il est résolu unanimement que :

CONSIDÉRANT que M. le Comte Raimond de Nicolay, arrière-petit-fils du maréchal de Lévis, a bien voulu, par une lettre en date du quinze de mars dernier (1888), offrir par l'intermédiaire de M. l'abbé Casgrain, de faire don à la Province de Québec de la copie authentique des précieux et nombreux documents inédits qui lui viennent de son aïeul, le maréchal de Lévis, et cela à la condition que la Province de Québec prenne officiellement envers M. le Comte l'engagement de les faire imprimer textuellement et intégralement, ladite Province s'en réservant la propriété exclusive.

CONSIDÉRANT que ces manuscrits se composent de onze volumes :

1° **Journal des campagnes** du général de Lévis, intitulé : **Canada, cartes et relations jusqu'en 1760.** Un in-folio de 255 pages, accompagné de cartes ou plans de différentes batailles ou attaques livrées de 1755 à 1760.

2° **Lettres** de M. de Lévis. Un in-folio de 486 pages, contenant 196 lettres.

3° **Journal des campagnes** de M. le marquis de Montcalm, mis en ordre par M. de Lévis. Un in-quarto de 550 pages.

4° **Lettres** de M. le marquis de Montcalm à M. de Lévis. Un in-quarto contenant 154 lettres.

5° **Lettres** du marquis de Vaudreuil à M. de Lévis. Un in-quarto contenant 128 lettres.

6° **Lettres** de M. de Bourlamaque à M. de Lévis. Un in-quarto contenant 85 lettres.

7° **Lettres** de M. Bigot à M. de Lévis. Un in-quarto contenant 77 lettres.

8° **Lettres** de divers particuliers à M. de Lévis. Un in-quarto contenant 112 lettres.

9° **Relations** et **Journaux** de différentes expéditions faites durant les années 1755, 1756, 1757, 1758, 1759, 1760. Un grand et fort in-folio.

10° **Lettres** de la Cour de Versailles, contenant les lettres et états envoyés aux commandants des troupes de terre au Canada. Un in-folio très fort.

11° **Recueil** de pièces militaires relatives au Canada. Un in-folio très considérable.

CONSIDÉRANT que l'honorable Honoré Mercier, premier Ministre de la Province de Québec, a répondu à M. le Comte de Nicolay qu'il acceptait avec la plus vive reconnaissance, au nom de la Province de Québec, ce don vraiment princier et digne du petit-fils du héros de Sainte-Foye, aux conditions exigées par le donateur.

Cette Chambre est heureuse d'offrir à M. le Comte de Nicolay l'expression de la reconnaissance de ce pays pour ce don magnifique si généreusement offert.

Signé :   F. G. MARCHAND,
Président de l'Assemblée législative de Québec.

L. DELORME,
Greffier de l'Assemblée législative.

NOTICE

PLACÉE EN TÊTE

DE LA COPIE DES MANUSCRITS

DU

Maréchal DE LÉVIS

SUR

LA GUERRE DU CANADA

OFFERTE PAR

Le Comte RAIMOND DE NICOLAY à la Province
de Québec (Canada)

NOTICE HISTORIQUE

SUR LA

Maison DE LÉVIS

SUIVIE D'UNE

Notice sur la Maison DE NICOLAY, dont une
branche descend du Maréchal DE LÉVIS

———— ◆ ————

La maison de Lévis tire son origine du village de
Lévi, aujourd'hui Lévy-Saint-Nom, dans l'Ile-de-
France, à une lieue au nord de Chevreuse (départe-
ment de Seine-et-Oise).

Le premier membre de cette famille que l'on con-
naisse d'une manière certaine est Philippe de Lévis,
mentionné dès 1179, dans une charte de l'abbaye de
Saint-Denis. Il accompagna Philippe-Auguste en Terre-
Sainte pendant la troisième croisade, et, en mai 1200,
figura comme caution au traité du Goulet, conclu
entre Philippe-Auguste et Jean-Sans-Terre.

Gui Iᵉʳ de Lévis, son fils, fonda l'abbaye de Notre-
Dame de la Roche, près de Lévis, et y bâtit une

chapelle qui appartient encore aujourd'hui à la famille (1). Il avait épousé Guiburge, qui passe pour avoir été sœur de Simon de Montfort. Lorsque Simon, dont les possessions étaient voisines des siennes (2), partit, en 1208, à la tête de l'armée qui allait combattre les hérétiques albigeois, il emmena avec lui son voisin, Gui de Lévis, et lui donna la charge de maréchal de l'armée qu'il commandait (3). Comme cette armée marchait contre les hérétiques et s'appelait l'armée de la foi, Gui de Lévis fut nommé le *Maréchal de la Foi*, et ce titre, confirmé par le roi de France et par le Pape, s'est perpétué chez ses descendants par ordre de primogéniture. Dans le partage des biens des barons du Midi, dépossédés par les croisés, Gui de Lévis obtint la seigneurie de Mirepoix, au pays de Foix, et plusieurs châteaux, dont un des principaux, Léran, est encore aujourd'hui patrimoine de la famille. Ces possessions lui furent confirmées par le roi de France et par le Pape. Un siècle plus tard, à la prière d'un de ses descendants, le pape Jean XXII, en 1317, fit de la ville de Mirepoix le siège d'un évêché, qui fut plusieurs fois occupé par des prélats du nom de Lévis (4) et a été supprimé en 1790.

(1) Voyez le *Cartulaire* de Notre-Dame de la Roche, publié par M. le duc de Luynes.

(2) Montfort-l'Amaury (Seine-et-Oise).

(3) Voyez P. Meyer, *Chanson de la Croisade des Albigeois.*

(4) *Gallia Christiana*, tome XIII, p. 238.

Son petit-fils, Gui III, épousa Isabelle de Marly, de la maison de Montmorency. Il en eut plusieurs enfants. Le premier, Jean, seigneur de Mirepoix, fut l'auteur de la branche aînée de la famille, sur laquelle nous reviendrons plus tard. Un autre, Thibaut, fit la branche de Montbrun, qui ne tarda pas à s'éteindre. Un troisième, Pierre, fut évêque de Maguelonne, en 1306, puis évêque de Cambray et de Bayeux. Enfin, le quatrième, Philippe, fut auteur de la branche de Lautrec-Villars, d'où sont issus d'abord les rameaux de Florensac (1), de Couson (2), et de Quélus, puis les deux branches ducales de la Voûte-Ventadour et de Charlus. A celle de Charlus se rattache le rameau de Châteaumorand, éteint peu avant la Révolution.

La terre de Ventadour, entrée dans la maison de Lévis, en 1492, par le mariage de Louis de Lévis, baron de la Voûte, avec Blanche de Ventadour, fut érigée en duché-pairie, en 1589, par le roi Henri III, pour Gilbert de Lévis. Un de ses petits-fils, François-Christophe de Lévis, comte de Brion, fut créé duc de Damville en 1648, et vice-roi d'Amérique en 1655 ; il mourut sans postérité. La branche de Ventadour s'éteignit en la personne de Louis-Charles de Lévis,

----

(1) Philippe de Lévis, dernier des Florensac, périt en 1451 au siège d'Acqs, en sauvant la vie du Dauphin, depuis Louis XI.

(2) Philippe de Lévis, cardinal et archevêque d'Arles, et son frère Eustache, également archevêque d'Arles, étaient de la branche de Couson. Ils furent inhumés tous deux à Rome. On y voit

mort le 28 septembre 1717, sans enfant mâle, de Char-
lotte-Éléonore-Madeleine de la Motte-Houdancourt,
qui fut, après sa mère, gouvernante des enfants de
France, et éleva successivement Louis XV et le dauphin, père de Louis XVI.

---

leur mausolée dans la basilique de Ste-Marie-Majeure, portant
l'inscription suivante :

Philippus de Lévis T. T. S. Petri et Marcellini Car. Arelatensis
E Gallia ortus illustris moribus virtute illustrior Ro. Pont.
Et Xrianiss. Francorum regibus magno in pretio habitus
In senatum apostolicum probitate adscitus obiit suo natali
Magno sui desiderio relicto quippe qui corporis et animæ bonis
Preditus summaque auctoritate pollens profuit quibus potuit
Obfuit nemini. vix. an. XL.MCCCCLXXV pridie non. Novembris

Duo fratres hic jacent eodem clausi
Sepulcro Philippus et Eustachius
Primus cardinalis fuit sed archiepiscopus
Arelatensis uterque.

Sedente Innocent. VIII pont. max.
Eustachius natione Gallus nobili Levorum gente Arelaten,
archiepus
Hic situs est. O quanta fuit in hoc antistite fides pietas religio
Sanctitas obque cum merito pont. max. inter sacrosanctos sibi di-
Vinar. cerimoniar. adsistentes communerari voluerit qui cum
Fratrem Philippum S. R. E. card. qui juxta se cubat unice
dilexisset in vita
In morte quoque ut tumulo illi jungeretur mandavit.
Vixit ann. XLII obiit MCCCCLXXXIX die XXII mensis
aprilis.

La branche de Lévis-Charlus, issue de celle de Ventadour, par Jean, fils puîné de Louis de Lévis et de Blanche de Ventadour, eut aussi son duché-pairie, érigé en février 1723, sous le nom de Lévis, en faveur de Charles-Eugène, comte de Charlus. Les fils de ce duc de Lévis moururent avant lui et la branche de Charlus s'éteignit en sa personne, ainsi que ce titre ducal.

Dans la branche aînée, Jean Ier, premier fils de Gui III de Lévis, seigneur de Mirepoix, épousa Constance, fille du comte de Foix, Roger-Bernard. Il en eut deux fils. L'aîné, Jean II, continua la branche des seigneurs de Mirepoix, qui subsista jusqu'au milieu du XVIIIe siècle et s'éteignit à la mort de Gaston-Charles-Pierre-François de Lévis, marquis de Mirepoix, né en 1700, successivement colonel du régiment de Saintonge en 1719, brigadier en 1734, ambassadeur à Vienne en 1737, maréchal de camp en 1738, chevalier des Ordres du roi en 1739, lieutenant-général en 1744, ambassadeur à Londres en 1749, créé duc à brevet en septembre 1751, maréchal de France le 24 février 1757, et mort à Montpellier le 25 septembre suivant. Il avait épousé une Beauveau, veuve du prince de Lixheim, de la maison de Lorraine, femme aussi distinguée par sa beauté que par son esprit. La correspondance du chevalier de Lévis pendant la guerre du Canada, qui fera partie de la présente publication, contient un certain nombre de lettres adressées à la maréchale de Mirepoix, et plusieurs font autant d'honneur à celui qui les écrivait qu'à celle qui les recevait.

En vertu du testament du maréchal de Mirepoix, le titre et la terre de Mirepoix passèrent à la branche des marquis de Léran, issue de Gaston de Lévis, second fils de Jean Ier, et dont le représentant, à cette époque, était Louis-Marie-François-Gaston de Lévis, marquis de Léran. Cette branche est la seule qui subsiste aujourd'hui. Elle est représentée à l'heure actuelle par Henri de Lévis, duc de Mirepoix et grand d'Espagne, fils unique de Gui de Lévis, duc de Mirepoix, et par les trois fils de Sigismond, comte de Lévis-Mirepoix, à savoir : Gaston, marquis de Lévis ; Félix, comte de Lévis-Mirepoix ; et Adrien, comte de Lévis-Mirepoix.

De cette branche de Lévis-Léran était issue celle d'Ajac, à laquelle appartenait le chevalier, puis marquis de Lévis, compagnon d'armes de Montcalm au Canada. Son père, Jean-Gaston, baron d'Ajac, eut deux fils, dont l'aîné, Pierre, ne laissa qu'une fille qui épousa le fils du marquis de Montcalm. Le second fils, François, d'abord appelé le chevalier de Lévis, naquit le 23 août 1720. Dès 1735, il fut nommé lieutenant au régiment de la Marine ; il prit part à la campagne du Rhin et obtint le grade de capitaine le 1er juin 1737. En 1741 et dans les années suivantes, il fit les campagnes d'Autriche, de Bohême et d'Allemagne ; en 1747, il fut nommé aide-major à l'armée d'Italie, colonel et chevalier de Saint-Louis en 1748.

En 1756, il fut choisi par le comte d'Argenson pour accompagner en Canada le marquis de Montcalm, avec le grade de brigadier. Deux ans plus tard, il fut nommé maréchal de camp. Nous n'avons rien à dire de ce que le chevalier de Lévis fit en Canada; son journal, le récit des campagnes de Montcalm mis en ordre par lui après la mort du général en chef, la correspondance de celui-ci, du chevalier et des autres chefs des troupes françaises, qui font l'objet de la présente publication, le feront connaître avec plus de détails et d'exactitude que nous ne pourrions le faire. Revenu en France en 1761, après la perte définitive de la colonie, le chevalier de Lévis reçut le grade de lieutenant-général et prit part à la campagne de 1762, en Allemagne, sous les ordres du prince de Condé. A la paix (1765), il fut pourvu du gouvernement de la province d'Artois, vacant par la mort du duc de Chaulnes. En 1771, il fut nommé capitaine des gardes de Monsieur, comte de Provence, depuis le roi Louis XVIII. Enfin, comme couronnement de sa glorieuse carrière, il fut créé chevalier des Ordres du roi en 1776; maréchal de France, le 13 juin 1783; duc héréditaire, le 24 avril 1784. Il mourut à Arras, trois ans après, le 26 novembre 1787, à l'âge de soixante-sept ans. Il avait épousé, le 28 février 1762, Gabrielle-Augustine-Michel de Tharon, morte sur l'échafaud révolutionnaire, le 10 juillet 1794. Il eut pour fils Gaston-Pierre-Marc de Lévis, qui fut, avant la Révolution, capitaine des gardes de Monsieur, comte de Provence,

puis député aux États-Généraux de 1789. Ayant émi-
gré, il prit part à l'expédition de Quiberon, et y fut
grièvement blessé ; mais on le rapporta enveloppé
dans le drapeau royal à bord d'un vaisseau anglais,
et il échappa ainsi aux exécutions sanglantes où
allait périr la fleur des anciennes armées, et particulièrement de la marine. Il rentra de bonne heure en
France. A défaut de la carrière des armes, les lettres
ornèrent sa vie. On a de lui plusieurs ouvrages qui lui
valurent d'entrer à l'Académie française, en 1816. Les
principaux sont : *Maximes et Essais sur différents sujets
de morale et de politique ; Souvenirs et Portraits ; Lettres
de Kang-Hi.* Ce dernier ouvrage est écrit dans le genre
des *Lettres Persanes.*

Lors de la Restauration, en 1814, le roi Louis XVIII
nomma le duc de Lévis pair de France héréditaire,
ministre d'État et chevalier du Saint-Esprit, et enfin
chevalier d'honneur de Mme la duchesse de Berry,
en 1817. Cette princesse étant devenue veuve dès 1820,
les fonctions de chevalier d'honneur, qui paraissaient
devoir être purement honorifiques, acquirent une
importance réelle. Le duc de Lévis s'en acquitta avec
dévouement jusqu'au jour de sa mort, arrivée le
15 février 1830. Il avait épousé Françoise de Paule
Charpentier d'Ennery, fille du comte d'Ennery, ancien
gouverneur de Saint-Domingue.

De ce mariage étaient issus Gaston-François-Chris-
tophe-Victor de Lévis, et Adèle-Charlotte-Augustine
de Lévis, qui épousa, en 1809, le marquis de Nicolay.

Gaston de Lévis naquit à Londres, pendant l'émigration, en avril 1794. Il avait vingt ans à l'époque de la Restauration. Pendant les Cent Jours, il prit part à la lutte soutenue par le duc d'Angoulême. Quelques années après, il devint aide-de-camp de ce prince. Chef de bataillon en 1822, il fit, en cette qualité, la campagne d'Espagne de 1823. Nommé colonel du 54me régiment de ligne, il participa à l'expédition de Grèce, en 1828, et s'y distingua. Revenu à Paris, il reprit son service auprès du dauphin, duc d'Angoulême. Après la mort de son père, en 1830, il succéda au titre de duc de Lévis. Il avait porté, avec l'agrément du roi Louis XVIII, le titre de duc de Ventadour depuis 1820, époque de son mariage avec Marie-Catherine-Amanda d'Aubusson de la Feuillade.

Après les funestes journées de juillet 1830, il accompagna le dauphin, dont il était toujours l'aide-de-camp, jusqu'à son embarquement pour l'Angleterre. En 1838, il consentit, sur la demande du dauphin, duc d'Angoulême, à devenir le conseiller officiel du duc de Bordeaux, connu plus tard sous le nom de comte de Chambord. A partir de ce moment, le duc de Lévis abandonna tout pour attacher sa destinée à celle de l'auguste chef de la maison de Bourbon, et sa vie ne fut plus qu'une suite d'actes d'abnégation et de sacrifices. Du reste, en cela, il suivit un exemple cher à son cœur. Dès 1834, en effet, sa sœur, Augustine de Lévis, marquise de Nicolay, avait pris le chemin de l'exil et quitté ses enfants, pour aller, sur la demande

du roi Charles X, achever l'éducation de Mademoi-
selle, depuis duchesse de Parme. Touchante émula-
tion du frère et de la sœur dans leur dévouement aux
deux derniers rejetons de la branche aînée de la maison royale de France.

Lorsque, en 1848, la marquise de Nicolay mourut,
le comte de Chambord écrivit les lignes suivantes :
"Douée d'une douceur admirable, d'une grande élé-
vation d'âme, d'une piété profonde, la marquise de
Nicolay était en outre, comme son mari et son frère,
un parfait modèle de dévouement et de fidélité, et on
peut dire que ma sœur avait trouvé en elle une seconde
mère."

Le duc de Lévis rendit le dernier soupir à Venise,
le 9 février 1863, dans les bras de celui à qui il s'était
consacré tout entier. Il ne laissait pas de postérité.

Augustine de Lévis, sa sœur, avait épousé, en 1809,
comme nous l'avons dit plus haut, le marquis de
Nicolay, pair de France héréditaire.

La maison de Nicolay est originaire de la province
du Vivarais. Dès les premières années du XVme siècle,
elle s'est divisée en deux branches : celle des marquis
de Goussainville, dans l'Ile-de-France, et celle des
marquis de Sabran et de Cavillargues, en Languedoc,
représentée actuellement par le marquis Scipion de
Nicolay. La première branche occupa pendant trois
siècles une des premières charges du royaume de
France, celle de premier Président de la Chambre des
Comptes.

Jean de Nicolay, après avoir été chancelier du royaume de Naples, sous Charles VIII, fut élevé par Louis XII, en 1506, à la dignité de premier Président. Ses descendants lui succédèrent pendant neuf générations jusqu'à l'abolition de la Chambre des Comptes, en 1791 (1).

(1) Extrait de l'*Histoire de la maison de Nicolay*, par A. M. de Boislisle, membre de l'Institut. Ouvrage couronné par l'Académie française, tome II, p. 762.

Lettre du Président du Département au premier Président.—Fermeture de la Chambre des Comptes.

19 septembre 1791.

Comme la loi qui supprime la Chambre des Comptes, Monsieur, est au moment de recevoir son exécution à Paris, j'ai l'honneur de vous prévenir que le Directoire du Département a chargé MM. Garnier et Thion de la Chaume, de procéder, avec M. le Procureur-général-syndic, aux opérations prescrites par la loi. Vous les trouverez, ainsi que tout le Directoire, très disposés à tous les égards pour Messieurs de la Chambre des Comptes qui sont dus à des magistrats qui ont bien mérité de la chose publique.

Agréez, je vous prie, la sincère assurance de mon attachement·

Le Président du Département,
LA ROCHEFOUCAULD.

Réponse du premier Président.

20 septembre 1791.

Nous vous devons des remerciements, Monsieur, de nous définir le terme prochain de notre existence civile. Les portes de la Chambre des Comptes seront ouvertes. Les préposés des nouvelles administrations peuvent dès aujourd'hui aller consommer notre anéantissement et se promener sur les derniers débris de la magistrature. Nous irons gémir sur les ruines de la religion

Le dernier premier Président, Aymard-Charles-Marie de Nicolay, marquis de Goussainville, membre de l'Académie française, chevalier du Saint-Esprit, chancelier des Ordres du roi, périt en 1794, sur l'échafaud révolutionnaire, ainsi que son fils aîné et son frère, ancien Président du grand Conseil.

La famille de Nicolay ne s'est pas seulement illustrée dans la magistrature ; elle compte dans l'épiscopat quatre évêques, et dans l'armée un maréchal de France, Antoine-Chrétien, comte de Nicolay, en 1775, et plusieurs officiers généraux.

Pendant les trois derniers règnes avant la Révolution, un régiment de cavalerie portait le nom de *Dragons de Nicolay*.

La descendance du dernier premier Président, mort en 1794, s'est subdivisée en trois rameaux : le premier représenté par le marquis de Nicolay, chef actuel de nom et d'armes ; le second, par les comtes Roger et Antoine de Nicolay ; le troisième, par les fils du marquis de Nicolay, pair de France, et d'Augustine de Lévis, dont il a été fait mention plus haut. Ceux-ci

---

et de la monarchie, et nous attendrir sur les malheurs de la famille royale. Ceux qui les ont loyalement servies conserveront éternellement le droit de les respecter et de les chérir.

Permettez-moi, Monsieur, d'avoir l'honneur de vous offrir les plus sincères assurances de mon attachement.

NICOLAY.

(Copies, collection Le Marié, d'Aubigny.)

sont : le marquis de Nicolay, les comtes Raimond, Charles et Joseph de Nicolay. Le comte Raimond de Nicolay, ayant été institué légataire universel de son oncle, le dernier duc de Lévis, est devenu ainsi possesseur des manuscrits du maréchal de Lévis, dernier général des troupes françaises au Canada.

Après avoir étudié les onze volumes manuscrits qui font l'objet de la présente publication et dont la liste va suivre, avec le concours d'un ecclésiastique canadien, M. l'abbé Casgrain, aussi connu par ses travaux littéraires que par sa piété et son patriotisme, et après s'être convaincu qu'ils seraient d'un haut intérêt pour les Canadiens français, le comte Raimond de Nicolay en a fait faire sous ses yeux une copie authentique, et il est heureux de l'offrir à la Province de Québec, par l'entremise de Son Excellence le très honorable M. Mercier, premier Ministre.

Paris, 15 juin 1888.

JOURNAL

DES CAMPAGNES

DU CHEVALIER DE LÉVIS

EN CANADA

DE 1756 A 1760

JOURNAL

DES CAMPAGNES

DU

CHEVALIER DE LÉVIS EN CANADA

De 1756 à 1760 *

Après la paix d'Aix-la-Chapelle, l'expression vague et indéfinie d'anciennes limites de l'Acadie, article 12 du traité d'Utrecht, devint un objet de discussion entre la France et l'Angleterre. La France, après quarante années de silence, prétendit que les Anglois avoient portés ces limites beaucoup au-delà de leur point naturel, et le gouverneur général du Canada, M. le mar-

---

* La copie des manuscrits du maréchal de Lévis qui a servi de texte à la présente publication, a été faite sous la direction et la surveillance de M. Léon Lecestre, élève de l'école des Chartes, archiviste aux Archives Nationales de France. Chaque pièce a été collationnée par lui-même avec un soin et une exactitude qui lui donnent la valeur de l'original.

L'abbé H. R. CASGRAIN.

quis de La Galissonnière, envoya un détachement dans cette partie prendre possession du terrain qu'il prétendoit usurpé. Après des protestations respectives, il fut arrêté qu'on nommeroit des commissaires pour terminer cette difficulté à l'amiable.

Les missionnaires des sauvages qui avoient bien plus d'autorité en temps de guerre qu'en temps de paix, se trouvant intéressés à troubler l'harmonie en cherchant à se rendre nécessaires par le crédit qu'ils avoient sur les sauvages, saisirent avec empressement cette occasion; et, par leurs correspondances avec les gouverneurs et les ministres, ils parvinrent à persuader au gouvernement que l'on pourroit sans se compromettre faire déguerpir les Anglois de toute l'Acadie en faisant intervenir les sauvages comme vrais propriétaires, au préjudice desquels la France n'avoit pu céder un pays qui ne lui appartenoit pas. Cette idée ayant pris faveur, les sauvages, animés par les missionnaires, commencèrent la guerre et chassèrent les Anglois de toute la presqu'île de l'Acadie jusques à Port-Royal. Mais les Anglois protestoient contre ces actes d'hostilité, qu'ils nous imputoient et que nous rejettions sur les sauvages, peuples libres qui ne reçoivent l'ordre de personne. Pendant ce temps, les commissaires des deux nations, qui étoient à Paris, disputoient, faisoient de gros livres et ne terminoient rien.

En 1753, nous voulûmes enfin exécuter l'établissement de l'Ohio ou Belle-Rivière, projeté depuis longtemps et depuis longtemps nécessaire, mais il s'en falloit bien que le Canada fût en état de soutenir un si grand projet par la disproportion de ses forces à celle des colonies angloises, dont la supériorité étoit de vingt contre un.

Les Anglois, attaqués aux deux extrémités de nos possessions, qui étoient l'Acadie et l'Ohio, se déterminèrent enfin à l'invasion générale de la colonie françoise, en faveur de l'humanité, disoient-ils, et sous le prétexte d'arrêter les cruautés des sauvages, sans avoir fait à la France aucune déclaration de guerre.

Notre entreprise sur l'Ohio donna lieu au prétendu assassinat de M. de Jumonville, qui fut vengé sur le champ par l'expédition du fort de la Nécessité. Pendant ce temps, l'on faisait à Londres des préparatifs assez puissants pour envahir le Canada dans une campagne.

L'automne de 1754, les troupes destinées à cette expédition débarquèrent dans différents ports de la Nouvelle-Angleterre, selon les lieux où elles devoient agir.

Au printemps 1755, un corps fut porté à l'Acadie, un autre sur Niagara, un troisième commandé par le général Bradock, chef de l'entreprise, sur l'Ohio. Le premier fit le siège du fort de Beau-Séjour à l'Acadie, qui capitula; le second attendit le succès de la marche du général Bradock pour se mettre en mouvement et faire sa jonction; mais ce général fut attaqué, battu, défait entièrement et y perdit lui-même la vie ; ce qui fit manquer en entier le projet des Anglois. Les instructions du général Bradock, prises dans sa défaite, ouvrirent les yeux à toute l'Europe et la guerre se fit enfin ouvertement.

La France, voyant que les Anglois ne cherchoient qu'à l'amuser, envoya, au commencement de 1755, un secours de troupes de terre commandées par le baron de Dieskau, maréchal de camp, et M. de Rostaing, colonel. Ce secours étoit composé des régiments de la Reine, Languedoc, Guyenne et Béarn, et d'une augmentation de quelques compagnies des troupes de la Marine. Elle envoya aussi le marquis de Vaudreuil pour relever M. Duquesne dans le gouvernement général de la colonie. En arrivant au Canada, à la fin de juin, avec partie seulement du susdit secours, l'autre ayant été prise en chemin, et ayant appris que les Anglois s'emparoient de l'Acadie, M. le marquis de Vaudreuil, de concert avec M. de Dieskau, résolut d'aller faire le siège de Choagen, fort situé au Sud du lac Ontario, à la rive gauche de l'embouchure de la rivière du même nom. Il avoit fait arriver à Frontenac les régiments de Guyenne et de Béarn ; et le reste étoit en marche, lorsqu'il apprit que les ennemis avançoient vers Saint-Frédéric et étoient déjà sur le lac Saint-Sacrement.

Ce fut alors qu'il apprit la défaite du général Bradock par le sieur de Contrecœur, capitaine des troupes de la Marine, qui commandoit dans toute la partie de la Belle-Rivière et qui étoit particulièrement chargé de la défense du fort Duquesne ; et, sur l'avis qu'il eut de la marche des ennemis, il prit la résolution d'envoyer le sieur de Beaujeu au-devant de l'ennemi, tant pour le reconnoître que pour le combattre dans le défilé qu'il avoit à passer, s'il voyoit jour à le faire avec succès. Son détachement étoit composé de quatre-vingts soldats, cent-vingt miliciens, et environ quatre-cent-cinquante sauvages.

A six heures de là, on rencontra l'ennemi. Sa marche étoit un ordre de bataille ; des divisions de quatre de hauteur sur seize de front, qui se doubloient au premier coup de fusil, fermoient cette colonne ; quatre obusiers et quatre canons de douze, chargés à cartouches, marchoient à la tête ; deux canons de six étoient au centre, et quatre à la queue avec deux mortiers.

Notre avant-garde composée d'une vingtaine de sauvages fit son cri et sa décharge de fort loin, et aussitôt l'artillerie des ennemis fit retentir les bois.

Les sauvages, étonnés du bruit du canon et de l'effet de ceux qui étoient chargés à cartouches ainsi que des obusiers, firent leur première décharge et prirent la fuite ; les Canadiens les suivirent, et l'un entraîna l'autre, de manière que tout fut rompu.

Dans ce moment, M. de Beaujeu fut tué, et fut remplacé par le sieur Dumas, devenu l'ancien capitaine des troupes de la Marine, qui fit alors de nouveaux efforts pour rallier les troupes. A quoi ayant réussi, il marcha à cette colonne couverte par le bois qui déroboit à l'ennemi la disproportion de nos forces ; notre feu vif et soutenu en imposa ; la colonne s'arrêta et redoubla son feu de pied ferme, tandis que le sieur Dumas envoya des officiers solliciter les sauvages qui, retirés hors de portée, attendoient l'événement.

Alors la première division des ennemis se rompit pour faire place à la seconde ; ce mouvement rétrograde ranima nos troupes ; l'ennemi fuit ; les bois retentirent du cri de Vive le Roi ! et les sauvages revinrent à la charge. Heureusement le canon les éloigna du front et leur fit gagner le flanc de l'ennemi. Alors la supériorité de cette mousqueterie étonna bientôt les Anglois par la quantité de morts et de blessés qu'ils eurent dans un moment. Nous vîmes la tête flotter, et, l'instant d'après, nous fûmes maîtres de la première artillerie ; le reste de l'action ne fut plus qu'une déroute complète.

Après la défaite du général Bradock, on résolut de suspendre le siège de Choagen, de faire rétrograder seulement les régiments de la Reine et Languedoc et de marcher au lac Saint-Sacrement par le lac Champlain, sur la frontière de la Nouvelle-York, avec environ huit cents soldats de la Marine ou Canadiens, quatre cents sauvages et les deux susdits bataillons. M. de Dieskau se mit à la tête de ce détachement au commencement du mois de septembre. Comptant fortement sur les sauvages pour cette expédition, il laissa les deux bataillons en arrière, dont il ne prit qu'un détachement de deux cents hommes ; il fut vers le fort Lydius *, d'où il se rabattit sur sa droite pour marcher à l'armée ennemie qui étoit sur le lac Saint-Sacrement. Chemin faisant, il rencontra un détachement des ennemis de deux cents hommes, qu'il défit entièrement ; les Canadiens et les sauvages l'abandonnèrent et poursuivirent les fuyards jusqu'aux retranchements du lac Saint-Sacrement, où était campé le colonel Johnson avec un gros corps de troupes d'environ quatre mille hommes, de manière que M. de Dieskau arrivant avec les troupes réglées de son corps, il ne lui fut pas possible de faire aucune disposition, les sauvages et les Canadiens de son avant-garde s'étant engagés dans le bois et occupés à fusiller avec les ennemis. M. de Dieskau s'avança avec les troupes réglées pour tâcher de remettre l'ordre ; mais il fut d'abord blessé et reçut peu après une seconde blessure qui, le mettant hors d'état d'agir et même d'être transporté, ne lui permit plus de pouvoir donner aucun ordre. Les sauvages et les Canadiens, dispersés dans le bois, se retirèrent en désordre, et les troupes réglées firent l'arrière-garde en bon ordre aux ordres du chevalier de Montreuil, aide-major général, qui fut joindre les deux bataillons de la Reine et de Languedoc, qui étoient restés à quatre lieues en arrière, aux Deux-Rochers de la baie du lac Champlain, aux ordres du sieur de Roquemaure, lieutenant-colonel du régiment de la Reine, à qui le com-

---

* Ce mot est toujours écrit *Lidieux*.

mandement des troupes de terre resta, M. de Dieskau
étant prisonnier et M. de Rostaing ayant été tué au
combat naval sur le vaisseau l'*Alcide*. La perte de ce
détachement fut égale à celle des ennemis; il y eut
beaucoup de monde tué ou blessé de part et d'autre.
Après que ce détachement fut réuni aux deux bataillons, il se replia au fort Saint-Frédéric, d'où il remarcha, au commencement d'octobre, pour construire un
fort à Carillon, distant de cinq lieues dudit endroit.
Les ennemis en firent un à l'endroit où ils étoient,
appelé fort Georges, situé au fond du lac Saint-Sacrement, où on laissa des garnisons de part et d'autre.
On fortifia les postes du côté du lac Ontario, et toutes
les troupes entrèrent en cantonnement dans le commencement de décembre. On laissa à Frontenac et à
Niagara de fortes garnisons; on savoit que les ennemis avoient établi deux forts au portage de la rivière
de Corlac pour la mettre en sûreté, dont un à chaque
extrémité, et qu'ils y avoient amassé des provisions
pour l'entrée de la campagne prochaine. On résolut
d'enlever ces forts sans trop les connoître, ni le chemin pour y arriver. Un sauvage de la Présentation,
nommé Oratory et Anoyot, devoit conduire cette
expédition dont on destina le commandement au
sieur de Léry, lieutenant de la Marine, auquel on
donna un détachement d'élite de trois cents hommes,
dont cent sauvages et trente hommes de troupes de
terre commandés par un sergent; le reste de la Marine
ou Canadiens.

Ce détachement, qui devoit partir à bonne heure, ne partit de la Chine que le 26 février; et, malgré tous les obstacles de la saison qui n'étoit propre ni à aller à pied, faute de neige, attendu l'hiver doux qu'on avoit eu, ni par eau par les revers du froid qu'il fit dans ce temps, il arriva à la Présentation le 7 mars. Il prit des vivres pour un mois et se mit en chemin le 12. Le sauvage qui devoit guider le détachement s'échappa; mais on le rattrapa après bien de la peine et avoir longtemps erré et jeûné pendant deux jours. Le détachement arriva le 26 à un quart de lieue du fort. Des sauvages anoyots, qu'il avait trouvés la veille, lui ayant rendu compte de la situation des forts, il marcha le 27 et arriva sur le chemin entre les deux forts, où il prit des charriots chargés de vivres. Après avoir fait halte et s'être reposé, il se détermina à attaquer le fort qui étoit en haut de la rivière de Choagen, où il y avoit cinquante hommes commandés par un lieutenant. Tandis que les uns fusilloient sur le fort, les soldats des troupes de terre et autres furent à la porte dudit fort qu'ils enfoncèrent dans l'espace d'une heure de temps avec un bélier, malgré les grenades et coups de fusils. On entra dans le fort et l'on fit main basse sur tout. Le feu ayant pris à la poudrière obligea de sortir, et à peine eut-on le temps de s'écarter que le fort sauta. Le détachement repartit le même jour, et, manquant de vivres et de souliers, il s'arrêta à la baie de Nyanwauré où les bateaux le joignirent; et il rentra à Montréal le 9. Les ennemis ont perdu dans cette affaire quatre-vingts hommes, compris l'escorte du convoi ; et nous un soldat de la Marine et un sauvage, et neuf blessés. On trouva peu de provisions dans ce fort, qui n'étoit qu'un entrepôt.

Le Roi ayant résolu d'envoyer de nouveaux secours au Canada et de remplacer les officiers supérieurs qu'il y avoit fait passer l'année dernière, fit choix du marquis de Montcalm, du chevalier de Lévis et de M. de Bourlamaque, qui furent pourvus des grades, le premier de maréchal de camp, le second de brigadier, et le troisième de colonel. Les bataillons de la Sarre et de Royal-Roussillon furent destinés pour ce secours avec quelques officiers d'artillerie et des ingénieurs. Le tout fut assemblé à Brest au commencement de mars 1756 et arriva heureusement au Canada sur la fin de mai.

M. le chevalier de Lévis étoit parti de Brest le 6 avril sur la frégate *La Sauvage*, et, après 56 jours de navigation, il arriva à Québec le 31 mai, où M. de Montcalm étoit arrivé le 13 et parti le 22 pour Montréal, où M. de Lévis fut le joindre, après avoir disposé les troupes pour se mettre en marche et fait partir en deux divisions, la Sarre, les 6 et 7 juin, Royal-Roussillon les 10 et 11. Il arriva à Montréal le 15 au soir et où, après avoir conféré avec MM. de Vaudreuil et de Montcalm sur les opérations de la campagne, il partit avec le dernier pour Carillon, le 27 juin, où ils arrivèrent le 3 juillet.

Sitôt l'arrivée du secours, il fut convenu qu'on commenceroit la campagne par une démonstration offensive vers Carillon tandis qu'on disposeroit toutes choses à Frontenac pour le siège de Choagen que l'on tenteroit, s'il y avoit moyen au milieu de la campagne ; on se fortifia dans tous les postes.

M. le marquis de Montcalm resta peu de temps à Carillon ; il remit au chevalier de Lévis le commandement de l'armée et partit le 15 juillet pour Montréal où il fut conférer avec M. le marquis de Vaudreuil pour ledit siège.

LE 16 JUILLET

M. le chevalier de Lévis envoya quarante-six sauvages et vingt-et-un Canadiens aux ordres du sieur Pecaudy, officier des troupes de la colonie pour reconnoître les environs du fort Georges.

LE 17

Le sieur de Saint-Martin, officier des troupes de la colonie, est revenu de détachement, et les sauvages portoient trois chevelures faites du côté de Sarasto, où on avoit fait beaucoup de dégât dans la campagne.

LE MÊME JOUR

M. le chevalier de Lévis a été reconnoître le chemin qui conduit de la Chûte de Carillon jusqu'à l'entrée du lac Saint-Sacrement à la rive gauche de sa sortie ; il a passé à la rive droite pour reconnoître en même temps cette partie.

LE 18

Le susdit détachement du sieur Pecaudy est rentré ; il a surpris près le fort Georges un détachement qui faisoit du bois, dont il dit en avoir tué plusieurs hommes ; et il a apporté quatre chevelures et mené deux prisonniers qui dirent que les Anglois n'avoient pas beaucoup de monde audit fort, mais qu'ils doivent avoir à dix milles dudit fort une armée considérable.

LE 19

Les sauvages dudit poste s'en sont allés suivant leurs usages avec leurs prisonniers et chevelures dans leurs villages et ont promis de revenir dans vingt jours.

Ledit détachement du sieur Saint-Martin avoit laissé derrière trois sauvages qui viennent d'arriver avec une chevelure qu'il a fait près d'Orange et dit avoir vu monter beaucoup de troupes.

LE 20

Les Abénaquis, au nombre de quarante-deux personnes se sont portés au camp du Portage pour être plus à portée d'aller en parti.

On a fait passer ce jour des boîtes au camp du Portage appelé ainsi à cause qu'il est à l'entrée du lac et à celle de la Chûte qui est à l'endroit où on décharge pour porter dans le lac y ayant une lieue de cascades ; M. le chevalier de Lévis est entré dans tous les détails pour y mettre l'ordre.

LE 21

Le détachement du sieur Duplessis, officier de la Marine, partit pour aller reconnoître la rivière à la Loutre. Les Anglois nous avoient pris ou tué du monde dans cette partie ; il n'a reconnu aucune trace ni vestige qui annonçât qu'ils eussent suivi cette rivière.

LE 22

Il arriva soixante-quatre sauvages qui venoient en guerre et un convoi de dix-sept bateaux chargés de vivres.

LE MÊME JOUR

M. le chevalier de Lévis fit part à M. le marquis de Vaudreuil de son ordre de marche et de bataille en cas que l'ennemi vînt à lui.

LE 23

Le sieur La Colombière, officier de la Marine, est

parti pour aller en guerre avec quatre officiers, quatre cadets, soixante-et-onze François et cinquante-six sauvages ; le même jour, il est déserté trois soldats des troupes de la Marine.

Sur l'avis que M. le chevalier de Lévis eût qu'il devait être attaqué, il fit la disposition générale de ses troupes, ainsi qu'il suit :

Ordre de marche et de bataille du corps des troupes de terre du camp de Carillon commandé par M. le chevalier de Lévis, brigadier des armées du Roi, donné le 17 juillet 1756.

Au premier signal que l'on pourra entendre des deux boîtes du camp de M. le chevalier de la Corne, qui sera répété par deux autres boîtes qui sont placées au poste de la Chûte, auquel le fort de Carillon répondra par deux coups de canon, toute l'armée prendra les armes à la tête de son camp ; on distribuera de la poudre et des balles et l'on prendra des vivres pour deux jours ; le camp restera tendu, les soldats ne prendront point leurs havresacs.

Il sera commandé cinquante hommes, un capitaine et un lieutenant de chaque bataillon qui resteront à la tête de leur camp, auxquels les drapeaux seront remis. Il sera aussi commandé vingt hommes par chaque compagnie de la colonie, qui sont composées de soldats de la Marine et de milices, qui seront commandés par M. de Saint-Vincent, capitaine, et M. Dumuy, lieutenant, qui s'assembleront et se tiendront en bataille à la tête de leur camp. Ce détachement, de même que toutes les gardes, sera aux ordres de M. de Roquemaure, lieutenant-colonel commandant le régiment de la Reine.

Messieurs les officiers-majors auront attention de ne laisser à ce détachement que les soldats qui sont les moins en état de marcher, étant destinés à la défense du camp, du fort et des bateaux.

Six compagnies du bataillon de Royal-Roussillon, y compris celle des grenadiers, avec la compagnie de M. de Bonne, composée des soldats de la Marine, s'embarqueront dans les bateaux qui sont pour cela disposés à la garde du camp du régiment de la Reine. Ces six compagnies et celle de M. de Bonne seront aux ordres de M. de Poularies, capitaine des grenadiers au régiment de Royal-Roussillon.

M. de Poularies fera embarquer le plus promptement qu'il lui sera possible les troupes qui seront à ses ordres; il se rendra à la Chûte, où il débarquera du côté du Sud et se rendra par terre, suivant le chemin du portage, au camp de M. le chevalier de la Corne. Il combattra l'ennemi, s'il le trouve débarqué ou en disposition de le faire.

Les sept autres compagnies du bataillon de Royal-Roussillon avec la compagnie de Le Verrier, composée des troupes de la Marine ou soldats de la colonie aux ordres de M. le chevalier de Bernets, lieutenant-colonel commandant le bataillon de Royal-Roussillon, se

rendront par terre au poste de la Chûte, d'où il sui-
vra toujours par terre la côte du nord de la décharge
du lac Saint-Sacrement pour se rendre au camp de
M. de Contrecœur.

M. le chevalier de Bernets joindra ses troupes à
celles de M. de Contrecœur, combattra avec vigueur
l'ennemi s'il est débarqué ou en disposition de le
faire.

Le régiment de Languedoc avec la compagnie de
Sabrevois et celle de M. de Saint-Vincent, aux ordres
de M. de Privas, lieutenant-colonel commandant le
bataillon de Languedoc, se rendront par terre au poste
de la Chûte, où, selon les circonstances, M. le chevalier de Lévis lui donnera des nouveaux ordres. M. de
Privas disposera ses troupes au poste de la Chûte en
homme de guerre, et les tiendra toujours prêts à marcher au premier ordre.

Le régiment de la Reine partira de son camp après
qu'il aura été joint par les compagnies de MM. de
Vassan et de Vergor; le régiment de la Reine sera
aux ordres de M. de Montreuil, premier capitaine de
ce régiment. Il prendra le chemin de la grande garde
du capitaine pour se porter en avant des abattis
d'où il marchera daus les bois suivant le plateau
pour se porter à même hauteur que le poste de la
Chûte.

M. de Montreuil, conjointement avec MM. de Vassan et de Vergor, feront faire des découvertes bien
avant dans les bois et se porteront aux endroits où ils

apprendront que l'ennemi paroîtra, pour le combattre, ce qu'ils feront avec le zèle et le courage dont ils sont capables.

MM. de Montreuil, de Vassan et de Vergor se concerteront ensemble pour les dispositions qui tendront au bien du service.

Les troupes de la Marine et celles de la colonie combattront à leurs façons sur les ailes des troupes de terre. M. de Montreuil détachera aussi tous les bons tireurs de son régiment qui se battront à la canadienne, et il ne tiendra qu'une partie de sa troupe en gros pour recevoir ceux qui combattront à la canadienne, pour que, dans le cas qu'ils fussent obligés de se replier, ils le puissent faire avec sûreté derrière la troupe, qui sera en ordre, qui fera tête à l'ennemi et donnera le temps aux troupes qui auront combattu à la légère de se rallier et de recommencer le combat.

MM. de Montreuil, de Vassan et de Vergor auront la plus grande attention de ne pas se laisser couper la retraite par l'ennemi ; et, dans le cas qu'ils fussent forcés et obligés de se retirer, ils feront la retraite par le chemin qu'ils auront tenu et feront ferme à la tête des abattis pour favoriser la retraite aux troupes qui combattront aux camps avancés et à la Chûte.

M. le chevalier de Lévis se tiendra à la Chûte pour être à portée de donner partout ses ordres où MM. de Montreuil, de Vassan et Vergor lui enverront des gens sûrs au travers des bois pour l'informer de ce qui se passera dans leur partie.

Comme M. de Privas fera occuper les hauteurs du
poste de la Chûte, il sera facile d'établir une communication pour être informé de ce qui se passera à la
partie des régiments de la Reine et de Languedoc.

M. de Roquemaure accélèrera les défenses du fort,
fera mettre en batterie les pièces de canon, disposera
toutes choses pour le bien du service, et, en cas d'accident, pour que tout soit en état pour assurer la
retraite à toutes les troupes qui viendront camper
entre le fort et la redoute.

Il y aura un officier, un sergent et un caporal de
chaque corps pour se tenir auprès de M. le chevalier
de Lévis. Il faut qu'ils soient bons marcheurs et en
état de porter des ordres.

Le 24

Il est arrivé cent quarante-deux hommes de recrues
pour la Marine.

Le 25

Rien de nouveau.

Le 26

Trois fours ont brûlé, ce qui a obligé d'envoyer à
Saint-Frédéric pour avoir du pain.

LE MÊME JOUR

Le détachement de M. de la Colombière est revenu ; il a apporté quatre chevelures et tué, à ce qu'il dit, une trentaine d'hommes aux environs du fort Georges ; six de ses sauvages sont restés derrière.

LE 27

Le fils de M. de Contrecœur s'est tué par accident.

LE 28

Le sieur d'Hébecourt, capitaine au régiment de la Reine, est parti avec quarante hommes pour aller reconnoître et plaquer un chemin en suivant la rive droite de la rivière, depuis vis-à-vis Carillon jusqu'à Saint-Frédéric.

LE MÊME JOUR

M. Duplessis, officier de la Marine, partit avec cinquante hommes pour aller à la rivière à la Loutre, à la rivière Boquette et au Rocher-Fendu pour protéger les convois.

LE MATIN

Les Iroquois, Abenaquis, Epinengs, Mississagués

et Algonquins ont demandé à tenir conseil à M. le chevalier de Lévis ; l'orateur lui a assuré qu'ils étoient prêts à faire sa volonté et l'assuroit par trois branches de porcelaine de leur fidélité.

LE SOIR

Il a répondu au conseil par des remerciments, et, pour les lier suivant leurs promesses, il leur a donné un colier de deux mille grains de porcelaine. Cette pièce, lorsqu'ils l'acceptent, est un lien sacré pour eux. Il leur fut donné de quoi faire festin.

LE 29

Les sauvages devoient partir pour aller en guerre ; mais une partie voulant s'en retourner chez eux, M. le chevalier les arrêta.

LE 30

Il est parti un détachement commandé par M. de Beaujeu, capitaine de la colonie, composé de dix officiers, un cadet, cent canadiens et cent-douze sauvages ; il y eût difficulté pour faire partir ces derniers. Ils devoient aller entre le fort Lydius et le fort Georges.

M. le marquis de Montcalm arriva à Montréal, se porta en diligence à Frontenac et fut suivi de douze cents canadiens commandés pour cette expédition.

M. de Rigaud se rendit à la baie de Nyanwauré, au camp du sieur de Villiers. On avoit fait revenir vers la fin de ce mois, partie du régiment de Béarn, qui étoit déjà arrivé à Niagara. M. de Bourlamaque avoit envoyé reconnoître le fort par un ingénieur; le sieur de Villiers avoit fait au commencement du mois plusieurs courses et attaqué avec succès plusieurs convois des ennemis.

Comme cette expédition dépendoit de la diligence, afin que les ennemis n'eussent pas le temps de connoître nos démarches, ce qui les auroit déterminés à secourir efficacement cette partie et à attaquer M. le chevalier de Lévis, M. le marquis de Montcalm fixa son départ au 4 août de Frontenac.

M. le chevalier de Lévis connoissant combien il étoit essentiel qu'il en imposât aux ennemis, fit tous les mouvements propres à leur faire croire qu'il alloit agir offensivement soit en portant, comme on a vu, le principal de ses forces sur le lac Saint-Sacrement et en faisant partir continuellement des partis pour harceler les ennemis et les empêcher d'avoir des partis vers nous pour avoir des nouvelles et les tenir dans l'incertitude.

LE 31 JUILLET ET LE 1er AOUT

Il ne se passa rien de nouveau.

LE 2

Il arriva un convoi de vivres.

Le 3

Ledit détachement de M. Duplessis est arrivé ; il n'a point rencontré d'ennemis.

Les six sauvages de M. de la Colombière qui étoient restés derrière sont arrivés ; ils ont fait deux prisonniers et deux chevelures entre le fort Georges et le fort Lydius. Ces prisonniers disent qu'il est arrivé un renfort de la Vieille-Angleterre.

Le 4

M. de Beaujeu est rentré avec son détachement, avec six prisonniers et une chevelure qu'il a faits entre le fort Lydius et le fort Georges ; nous n'avons perdu personne.

Parmi les prisonniers est un capitaine de milice très instruit qui a déposé qu'il y avoit dix régiments de cinq cents hommes au fort Lydius ; qu'ils s'attendent d'aller au fort Georges tous les jours ; qu'on y transporte beaucoup de vivres et munitions ; qu'on y a mené six grosses pièces de canon ; qu'il y a environ quatre mille hommes au fort Georges et près de deux cents bateaux sur le lac ; qu'ils cherchent un chemin par terre ; que l'armée arrivée de la Vieille-Angleterre est en mouvement, dont grand nombre d'Ecossois ; que milord Loundoun la commande ; qu'on n'envoie point de troupes à Choagen.

LE MÊME JOUR

Il est arrivé cent-vingt hommes de milice de Montréal, qui ne suffisent point pour remplacer les malades.

LE 5

Partie des sauvages sont partis pour aller mener leurs prisonniers à Montréal.

LE MÊME JOUR

Ecrit à M. le marquis de Vaudreuil et à Monsieur l'intendant; envoyé copie des dépositions.

LE 6

Rien de nouveau.

LE 7

Il est parti quinze sauvages avec M. du Sablé, officier de la Marine, pour aller vers Sarasto.

LE MÊME JOUR

Un parti anglois a tué quatorze chevaux près de

Saint-Frédéric. Il est arrivé vingt-cinq Iroquois de Montréal.

LE 8

Il est arrivé deux cent quatre-vingt-deux hommes de recrues et cent quarante-deux hommes de milice, qui mettent l'armée à trois mille sept cent-soixante-un hommes, tout compris.

LE 9 ET LE 10

M. le chevalier a été reconnoître différents chemins dans les bois pratiqués par les Agniès.

LE 11

Vingt sauvages des Anglois sont venus près le camp du portage, commandé par M. le chevalier de la Corne, où ils ont tué deux hommes et blessé un troisième ; ils étoient à pêcher. On les a poursuivis sans succès.

On a envoyé à dix heures du soir, un parti de soixante hommes aux Deux-Rochers pour tâcher de couper le parti.

LE 13

Fausse alérte occasionnée par un sauvage.

LE 16

M. le chevalier de Lévis a été reconnoître la Montagne du Serpent-à-Sonnette et les environs.

LE MÊME JOUR

Reçu un courrier de Montréal. Point de nouvelles du siège de Choagen; mais l'on a appris que les Anglois ont déclaré la guerre à la France.

LE 17

Arrivé onze Hurons; le même jour fausse alerte; les compagnies de grenadiers sont rentrées tout de suite.

LE 19

Un parti anglois est venu au camp de Contrecœur et a fait deux chevelures.

LE MÊME JOUR

Le sieur Florimond, officier de la colonie, est parti avec un parti de cent-cinquante hommes du camp de M. le chevalier de la Corne.

LE 20

Ledit détachement est rentré et a dit que les ennemis occupent une île du lac à trois lieues du fort Georges et qu'ils avoient des bateaux et une barque à deux mâts.

LE 21

M. le chevalier a été visiter les camps du portage.

LE 23

Les Hurons et quelques Canadiens avec trois officiers de la colonie ont été reconnoître le fond du lac Saint-Sacrement.

LE MÊME JOUR

Les boîtes ayant tiré, on a eu une fausse alerte.

On a appris de Montréal que, le 13, un parti anglois avoit défait trois hommes de la Barque, à sept lieues au-dessus de Saint-Jean.

Il est arrivé dix-huit sauvages de Montréal. M. le marquis de Montcalm mande qu'il part le 4 pour aller entreprendre le siège de Choagen, résolu de ne pas compromettre les armes du Roi, s'il ne voit pas jour au succès.

LE 24

Fausse alerte au portage; on crut avoir vu les ennemis à trois lieues de là.

LE 25

M. le chevalier de Lévis fut visiter les camps du portage et tâcher de les rassurer, donnant continuellement des fausses alertes ; il a décidé d'y envoyer pour renfort soixante hommes de troupes de terre, qui se joindront au camp de Contrecœur et seront relevés tous les quatre jours, et cent-vingt hommes de la Marine, qui doivent former un camp intermédiaire entre celui du chevalier de la Corne et le susdit. Il a fait rentrer les piquets qui y avoient marché la veille.

LE 26

Rien de nouveau.

LE 27

Le susdit détachement de soixante hommes est parti pour quatre jours.

LE MÊME JOUR

M. de Lusignan, commandant au fort Saint-Frédéric, lui apprend indirectement la nouvelle et les circonstances de la prise de Choagen.

LE 28

M. de Saint-Martin est parti avec cent-vingt soldats pour aller occuper le camp mentionné ci-dessus.

Le même jour

M. le chevalier de Lévis a écrit à M. de Vaudreuil et à Monsieur l'intendant et a fait passer des lettres pour les Ministres de la Guerre et de la Marine.

Le 29

M. du Sablé est arrivé avec son détachement ; il a fait un prisonnier et deux chevelures à quatre milles de Baston.

Tous les mouvements expliqués ci-dessus et nombre de partis et positions de petits camps en avant servirent beaucoup à faciliter la prise de Choagen. L'ennemi, informé que nous nous fortifions à Frontenac et à Niagara, avoit porté toutes ses forces sur le lac Georges où il comptoit agir offensivement et placé un corps de troupes à la Fourche pour pouvoir le porter vers celle des deux parties qui seroit menacée.

Les ennemis qui étoient au lac Georges et qui faisoient des dispositions pour marcher en avant, apprenant que nous nous fortifiions sur le lac Ontario et voyant le nombre de partis que nous avions continuellement en campagne et ayant observé beaucoup de mouvements dans notre armée propres à leur faire croire que nous avions porté dans cette partie toutes les forces de la colonie et que nous avions en vue de faire une nouvelle attaque, restèrent dans l'inaction et apprirent la prise de Choagen en même temps que l'attaque, et peu après l'arrivée des renforts que notre armée reçut après le siège.

LE 1ᵉʳ SEPTEMBRE

On apprit les détails du siège de Choagen.

M. le marquis de Montcalm, ayant fait mettre par M. le chevalier de la Pause, aide-major de Guienne, faisant les fonctions d'aide-major général, le plus d'ordre possible à la milice qui lui avoit été envoyée, armé les barques et embarqué l'artillerie et des vivres pour un mois, partit le 4 de Frontenac avec la première et seconde division; la troisième partit le 5, avec la grosse artillerie; arrivés à la baie de Nyanwauré, d'où on partit le 9, ils débarquèrent le 10 au soir sans obstacle à une lieue du fort Ontario, situé sur la rive droite de l'embouchure de la rivière de Choagen et vis-à-vis le fort de Choagen, qui étoit à la rive gauche.

LE 11 AU MATIN

Il envoya reconnoître le fort par les ingénieurs, le premier, M. de Combres, fut tué par méprise par un de nos sauvages. On ouvrit un chemin et on travailla à force à faire des gabions et fascines. M. Desendroin, ingénieur, devint en chef par la mort de M. de Combres et fut secondé par M. de Pouchot, capitaine au régiment de Béarn.

LE 12 AU MATIN

La troisième division arriva avec l'artillerie ; on fit le chemin et nombre de saucissons et fascines.

On ouvrit la tranchée à l'entrée de la nuit en forme de sape volante.

LE 13 AU MATIN

Les ennemis qui n'avoient point tiré de la nuit, ayant travaillé à faire une coupure intérieure parallèle à l'attaque, firent un feu considérable.

Vers les onze heures, ayant cessé de tirer, on s'aperçut qu'ils passoient la rivière et abandonnoient ledit fort, dont on prit possession tout de suite.

M. le marquis de Montcalm ordonna qu'on fit sur-le-champ tous les préparatifs pour construire une batterie sur le fort de Choagen, voulant profiter du trouble où les ennemis paroissoient ; elle fut en état tant bien que mal le lendemain matin par la célérité qu'y apporta M. le chevalier Lemercier, commandant l'artillerie du Canada.

Ledit fort étoit une maison terrassée et crénenchée, autour de laquelle, à trois toises de la maison, on avoit fait une seconde enceinte où l'on avoit fait deux demi-bastions à un bout ; les ennemis avoient fait un retranchement dans lequel les troupes étoient campées.

Ils avoient sur une hauteur près de ce fort un

retranchement qu'ils appeloient fort, et qui n'étoit ni l'un ni l'autre.

LE 14 AU MATIN

On tira du canon ; les ennemis firent de leur côté un feu très vif de canon et de bombes. Notre canon qui les plongeoit et prenoit de revers leurs ouvrages, les incommodoit beaucoup. Ils arborèrent à huit heures le drapeau ; on travailla à la capitulation et l'on se mit en possession du fort à une heure.

On travailla à démolir lesdits forts, ce qui fut fini le 18. On renvoya les habitants faire la récolte et les troupes s'acheminèrent vers Carillon, excepté la Sarre qui resta à Saint-Jean.

On envoya des détachements à Niagara et Frontenac ; on approvisionna ces postes et ceux de la Belle-Rivière avec les vivres pris à Choagen. Il ne se passa rien vers cette partie. Nos sauvages faisoient des partis de temps en temps sur les habitants de la Caroline et de la Virginie.

M. le marquis de Vaudreuil qui, avant le siège de Choagen, avoit paru tranquille sur la situation de Carillon, quoique les ennemis eussent leurs principales forces dans cette partie et quoiqu'il parût surprenant qu'ils aient été, comme ils l'ont fait, dans l'inaction, ce qu'on ne peut attribuer qu'aux différents mouvements et positions en avant de M. le chevalier de Lévis, qui les a tenus dans l'incertitude si nous n'allions pas réellement faire un mouvement en avant, fut, après la prise dudit fort, en grand souci pour cette partie.

SEPTEMBRE

Nous avons perdu au siège de Choagen un ingénieur, treize morts et huit blessés ; les ennemis ont perdu environ quarante hommes, non compris les prisonniers.

LE 3

M. le chevalier de la Corne a fait part qu'il y avoit trois barques et dix bateaux sur le lac Saint-Sacrement ; on lui envoya le soir les trois compagnies de grenadiers.

LE 4

. Les compagnies de grenadiers sont rentrées. Le même jour, il est arrivé cent-cinquante sauvages du Saut-Saint-Louis.

LE 5

M. le chevalier de Lévis a été aux postes avancés et, de là, sur le lac, où il n'a rien vu.

LE 6

Béarn est arrivé : on l'a envoyé camper sur les hauteurs près de la Chûte, à la rive droite, pour être en mesure pour soutenir les camps avancés.

Malgré les défenses, deux officiers du régiment de la Reine, MM. de Biville et de Tarsac ayant été en pirogue à la chasse dans une anse vis-à-vis le fort, ils ont eu la chevelure levée par des sauvages ennemis.

LE 7

On a envoyé tous les sauvages aux camps avancés.

LE 8

Un parti sauvage, qu'avoit envoyé M. de Lévis au fort Georges, a rapporté que les ennemis y avoient un camp considérable.

LE 9

M. le chevalier a été aux camps avancés et a pris des arrangements pour envoyer au fond du lac un parti considérable.

LE 10

Guyenne est arrivé et a été camper avec Béarn. M. de Montcalm et M. de Bourlamaque sont aussi arrivés avec les grenadiers et un piquet de la Sarre.

LE 11 ET LE 12

Il est arrivé beaucoup de sauvages. M. le marquis

de Montcalm a suivi en tout les projets de défense de
M. le chevalier de Lévis.

Le 17

Le parti commandé par M. de la Perrière est parti ;
il est composé de soixante soldats, de quatre cent-
cinquante sauvages et de plusieurs officiers.

Le 19

Le détachement de M. de la Perrière a fait quatorze
prisonniers et vingt-six chevelures. Il a rencontré
dans sa route cinquante hommes qu'il a pris ou défaits.
Ce détachement a rapporté qu'ils avoient abandonné
le projet de nous attaquer et que milord Loundon
étoit encore à Albany.

Le 20

Les sauvages sont venus mener leurs prisonniers au
fort et en ont fait présent d'un à M. de Montcalm.

Le 21 et le 22

Les sauvages sont tous partis, selon leur usage, et
l'on ne peut en retenir que trente-six en leur donnant
des branches de porcelaine.

Il est arrivé le même jour un convoi de vivres et
environ cent officiers de la colonie.

LE 25

Le sieur Florimond est parti avec dix-sept sauvages pour aller vers le fond du lac et le fort Lydius.

LE 29

Il est arrivé dix-huit sauvages Poutouotamis.

Le sieur Florimond, officier de la colonie, est revenu ; il a trouvé le bas de la Rivière au Chicot occupé par les ennemis.

LE 2 OCTOBRE

Il est arrivé un convoi de vivres, le même jour, les sauvages ont trouvé en venant à Carillon quatre barges abandonnées au-dessous de Saint-Frédéric, à la rive gauche, où il y avoit dedans des espingardes, des barils de poudre et de balles.

LE 3

Il est parti un détachement commandé par M. de Léry, officier de la colonie, avec vingt soldats troupes de terre, vingt soldats de la Marine, soixante Canadiens et quelques sauvages, pour aller vers l'endroit où ont été trouvées lesdites barges qu'on prit hier dans le lac Champlain.

Un second détachement, composé de Canadiens et de sauvages commandé par M. Langy, officier de la colonie, a été vers le fond de la baie pour voir si l'ennemi faisoit quelque établissement vers la Rivière au Chicot.

LE 5

Un parti de dix sauvages ayant été porter un paquet de lettres des prisonniers anglois près du fort, ils ont aperçu leur camp dans la même position.

LE 6

Le détachement de M. de Langy a tué un sauvage près de la Rivière au Chicot. Il a passé plus loin pour connoître la position des ennemis.

LE 7 ET LE 8

Rien de nouveau.

LE 9

M. de Montcalm a passé la revue aux régiments de Guyenne et de Béarn.

LE 11

Au régiment de la Reine.

LE MÊME JOUR

Un soldat de Béarn ayant été pris près la Chûte par trois sauvages anglois, lesdits sauvages ayant, à une lieue, vu partir un chevreuil et s'étant avancés pour le tuer, ledit soldat leur a échappé et est revenu. Il est arrivé un convoi de vivres.

M. le marquis de Vaudreuil mande qu'on peut déblayer l'armée.

LE 12

M. de Montcalm a fait la revue de Royal-Roussillon et l'on a fait partir trois cents hommes de la Marine et trois officiers pour Montréal.

Un soldat et un domestique du régiment de Béarn ont eu la chevelure levée par un parti sauvage entre les camps de Saint-Martin et de Contrecœur. On a fait courir après par des troupes légères qui ont fait diligence, mais on n'a vu personne.

LE 13

M. de Montcalm fit la revue du régiment de Langue-doc. M. de Boucherville, qui avoit été au fond du lac avec onze Iroquois, rapporte qu'il n'y a aucun établissement des ennemis.

On a replié ce jour le camp de Contrecœur sur celui du chevalier de la Corne, qui étoit alors commandé par M. de Beaujeu, le premier étant parti.

LE 18

Le détachement de M. de Langy est rentré avec un prisonnier qu'il a fait à cinq milles d'Orange, lequel disoit que milord Loundòn s'étoit rendu au fort

Lydius, et qu'on disoit qu'il alloit faire faire un mouvement à son armée pour nous attaquer, que son fils avoit été tué par accident. M. de Langy dit avoir vu un camp considérable à Lydius.

LE 19

Le sieur de Langy est reparti avec quelques sauvages pour aller reconnoître au fond de la baie.

LE 20

Deux Canadiens, allant du camp de Contrecœur à la Chûte, ont été fusillés par un parti de douze ou quinze Anglois, dont ils ont été blessés.

LE 21

Le sieur de Langy est revenu et n'a rien vu.

Le sieur Perthuis, interprète, est arrivé du fond du lac Saint-Sacrement, et a rapporté que l'armée ennemie étoit toujours dans le même état.

LE 25

Il est arrivé un convoi qui a apporté du vin, à la grande satisfaction des officiers, qui étoient à l'eau.

LE MÊME JOUR

Reçu la nouvelle d'Europe de la prise du fort Philippe et de l'île Mahon, du 29 juin; que suivant la capitulation, la garnison devoit sortir avec les honneurs de la guerre, quatre canons et quatre charriots couverts et que les bagages devoient être portés à Gibraltar, que les Grecs et les Juifs avoient six mois pour sortir et emporter leurs effets, et que nous avions perdu cinq cents hommes, compris trente-sept officiers.

Le 26

M. le marquis de Montcalm est parti pour Montréal avec les grenadiers et le piquet de la Sarre.

M. le chevalier de Lévis est resté chargé de l'armée ; il a été le lendemain aux camps avancés, et a fait partir, le 26, un parti de sauvages pour aller à la découverte au fond du lac.

Le 30

Le parti des sauvages est rentré, sans avoir rien vu.

Le 31

On a fait partir les troupes de la Marine qui doivent hiverner dans le gouvernement de Québec et les milices du gouvernement.

Novembre 1756

Le 1er novembre, le régiment de Guyenne est parti

pour Québec où est la garnison avec le reste des milices de ce gouvernement. M. de Bourlamaque a conduit jusqu'à Saint-Jean cette division.

LE 2

Le régiment de la Reine est parti de Carillon pour se rendre aux paroisses au-dessus de Québec, à la rive gauche du fleuve, lieux de ses quartiers.

LE MÊME JOUR

M. de Saint-Martin a replié son camp et est arrivé à Carillon, d'où il est parti, le 3, pour se rendre aux Trois-Rivières. Ledit jour, Béarn est parti pour aller à Saint-Frédéric bûcher du bois pour ce fort.

LE 4

Le reste des camps avancés s'est replié à Carillon. Il fut résolu d'envoyer chaque jour un détachement le long de chaque rive de la rivière jusqu'au lac.

LE MÊME JOUR

Est parti un détachement de deux sauvages et dix François commandé par M. de Langy pour aller au fond de la baie et vers le fort Lydius reconnoître si les ennemis se retiroient.

LE 5

Deux compagnies de grenadiers et deux piquets ont été en découverte aux camps avancés.

LE MÊME JOUR

Le reste des troupes de la Marine est parti pour Montréal. Il ne resta que Royal-Roussillon et Languedoc et un piquet de la Reine destiné pour la garnison du fort de Carillon, devant pareillement en faire rester un de Royal-Roussillon et de Languedoc, celui de Guyenne et Béarn ayant fourni à Niagara après la prise de Choagen, ainsi que la Sarre.

LE 6

M. le chevalier de Lévis a été aux camps avancés avec les compagnies des grenadiers et a reconnu la Rivière des Bernets fort au loin.

Le détachement de M. de Langy est rentré ; il a rapporté qu'il avoit aperçu un détachement au fond de la baie ; ayant voulu aller plus loin, la neige qui tomboit les a fait relâcher, les sauvages craignant qu'on ne reconnût leurs traces.

LE 7

Deux piquets du régiment de Béarn qui étoient restés sont partis.

Les compagnies des grenadiers ont continué leurs découvertes.

Le 8

Rien de nouveau.

Le 9

Continué les découvertes.

Le 11

Il est tombé quantité de neige, ce qui a empêché les découvertes de sortir.

Le même jour

M. le chevalier de Lévis a donné des instructions à M. de Lusignan, qu'il a laissé à Carillon avec une garnison composée, tout compris, de 315 hommes ; il a donné une instruction particulière à Messieurs les officiers des troupes de terre.

Le 12

M. le chevalier de Lévis est parti avec le reste de l'armée, Royal-Roussillon devant aller camper au Rocher-Fendu et Languedoc à l'Anse-à-la-Bouteille. Nous avons été obligés d'y camper dans la neige et le lendemain nous en sommes partis à trois heures du matin.

LE 13

Le vent étoit très bon et nous aurions fait beaucoup de chemin si nous n'avions pas été obligés de relâcher vers les quatre heures après-midi.

Le lac Champlain étant extraordinairement agité, nous avons été obligés de relâcher dans une anse à laquelle nous avons donné le nom d'Anse-à-la-Consolation, parce que nous avons été tous bien aise d'y arriver.

LE 14

Nous sommes venus à une lieue au-dessous du moulin de Foucault ; il a neigé toute la journée.

LE 15

Nous sommes arrivés à Sainte-Thérèse, en suivant les rapides de Saint-Jean. M. le chevalier de Lévis a fait passer de Saint-Jean à la Prairie tous les officiers et les soldats du régiment de Languedoc qui étoient en état de bien marcher.

LE 16

Nous sommes arrivés à Chambly, qui est à deux

petites lieues de Sainte-Thérèse, avec de la neige et de la pluie continuellement sur le corps ; comme ce n'est qu'un rapide depuis Sainte-Therèse jusqu'à Chambly, il a fallu faire transporter les équipages par terre et tout le monde a fait cette route à pied.

Le fort de Chambly est un petit fort de pierre à quatre bastions où il n'y a point de fossés ; il est situé sur la rive gauche de la décharge du lac Champlain.

LE 17

Nous sommes arrivés à Montréal après avoir été de Chambly à la Prairie sur des chevaux. Ce sont des chemins détestables ; nous avons presque tous fait des chutes dont aucune dangereuse.

M. le chevalier de Lévis a passé l'hiver à Montréal. Il a été seulement passer le mois de janvier à Québec avec M. le marquis de Vaudreuil. Ils ont été de retour le quatre du mois de février à Montréal où en arrivant ils ont appris de Carillon la nouvelle qu'un détachement de soixante hommes d'élite des troupes angloises, avec dix sergents et sept officiers, composant en tout soixante-dix-sept hommes, s'étant mis en marche pour faire quelques prisonniers auprès de nos forts, où ils avoient pris, le 21 janvier, entre le fort de Carillon et celui de Saint-Frédéric, sept de nos soldats. Sur l'avis qu'en eût M. de Lusignan, capitaine de la colonie commandant à Carillon, il détacha cent hommes aux ordres de M. de Basserode et de la Granville, capitaines au régiment de Languedoc et de la Reine, avec quelques sauvages et Canadiens; et ce détachement joignit celui des ennemis sur les trois heures après-midi et tomba sur leur avant-garde, bayonnette au bout du fusil. Comme nous avions négligé d'occuper une petite hauteur à portée du chemin, les Anglois s'y retirèrent et on fusilla jusqu'à la nuit; les ennemis ont profité de l'obscurité pour se retirer, laissant sur le champ de bataille quarante-deux hommes tués dont trois officiers. Nous leur avons fait huit prisonniers et repris les nôtres. On a su depuis que des soixante-dix-sept hommes dont ce détachement étoit composé, il n'en est rentré que trois au fort Georges, les autres ayant péri de froid, de misères et peut-être de leurs blessures. Nous avons eu neuf hommes tués et dix-huit de blessés, dont quelques-uns sont morts de leurs blessures; M. de Basserode, capitaine au régiment de Languedoc, qui y commandoit, l'a été dangereusement.

Nous étions à la fin de la campagne, dans l'incertitude si les Anglois avoient avancé ou détruit leurs forts d'entrepôts sur la Rivière de Choagen, appelés les forts Bull et William. Les sauvages des Cinq Nations nous ont assurés qu'ils les avoient évacués et brûlés sitôt après la prise de Choagen.

Les Cinq Nations (c'est ainsi qu'on nomme les Iroquois), ont envoyé à Montréal, le 8 septembre 1756, une ambassade composée de cent-quatre-vingts per-

sonnes, y compris les femmes et les enfants. Il y a eu
à cette occasion un grand conseil, pour se servir des
termes du pays, c'est-à-dire qu'on a tenu à Montréal
une espèce de congrès auquel nos Iroquois domiciliés,
les Népissings, les Abénaquis, les Algonquins, les
Poutouotamis et les Ottawais, nations sauvages attachées à la France, ont assisté par des députés. Cette
ambassade est la plus mémorable qu'il y ait jamais
eu en Canada, tant par le nombre des ambassadeurs
et la nature des objets qui s'y sont agités que par les
bonnes dispositions dans lesquelles les Cinq Nations
ont paru être. Il y a lieu d'attendre de leur part la
neutralité la plus exacte. On peut même espérer que,
quoique ces nations ne veuillent pas prendre la hache
contre l'Anglois, plusieurs de leurs jeunes gens nous
suivront à la guerre ; c'est tout ce que nous pouvons
espérer d'un peuple enclavé au milieu des habitations
angloises.

On avoit formé, au commencement de l'hiver, le
projet d'enlever le fort Georges par escalade avec
un détachement d'environ quinze cents hommes, soldats des troupes de terre, de la Marine, Canadiens et
sauvages, aux ordres de M. de Rigaud, gouverneur de
Montréal, et de M. de Pourailliès, capitaine de grenadiers du régiment de Royal-Roussillon, qui devoit se
mettre en marche dans le mois de janvier ; mais une
maladie considérable, survenue à M. le marquis de
Vaudreuil, en différa le départ, qui ne fut que le
25 février, et de Carillon le 15, après avoir pris les

échelles nécessaires ; dans cette expédition, on brûla deux ou trois barques qui étoient coupées du fort et un hangar rempli de vivres ; de retour à Carillon, on laissa partir des troupes de terre pour en renforcer la garnison ; le reste revint à Montréal.

M. le chevalier de Lévis remit un mémoire à M. de Vaudreuil pour lui démontrer l'impossibilité de ce projet ; on le trouvera au........................ ....
On trouvera aussi la relation de cette tentative au..............

Cette expédition coûta beaucoup ; il fallut équiper ; cela dévasta les magasins et fit une consommation de vivres considérable.

1757

A peine avions-nous des vivres pour tenir un mois ; mais comptant sur les secours de France, on forma les préparatifs pour faire le siège du fort Georges ; les matériaux furent mis en mouvement à bonne heure.

M. de Bourlamaque fut envoyé à Carillon avec les régiments de Royal-Roussillon et Béarn pour faire tout disposer pour le portage.

On apprit dans ce temps par des prisonniers que les ennemis comptoient faire le siège de Louisbourg et attendoient une flotte et un renfort considérable de la Vieille-Angleterre.

Cette nouvelle fut confirmée par les premiers navires qui arrivèrent avec des vivres ; on avoit disposé toutes

6

choses pour commencer à rassembler l'armée avec un petit secours de vivres qu'on avoit tiré de chez les habitants.

M. le chevalier de Lévis eut ordre de partir le 3 juillet de Montréal pour aller à Saint-Jean où toutes les troupes se rassembloient de même que les milices ; il en partit le 4 avec quatre bataillons pour se rendre à Carillon, où il est arrivé le 7. Il prit le commandement de cette frontière et fit les dispositions nécessaires pour l'expédition projetée.

Le 8

M. le chevalier de Lévis fit camper à la Chûte avec les quatre bataillons qu'il avoit amenés ; il laissa M. de Bourlamaque avec deux bataillons campés à Carillon pour faire continuer les travaux du fort et faire accélérer ce qui étoit nécessaire pour l'artillerie et généralement pour toutes les autres munitions.

Le 9

M. le chevalier de Lévis employa les quatre bataillons qui étoient campés à la Chûte à ouvrir un chemin au portage du lac Saint-Sacrement pour pouvoir y faire passer l'artillerie et les bateaux. Le chemin fut fait en trois jours, de façon que, le 12, l'artillerie commença à y passer et successivement toutes les munitions, de même que les bateaux que les troupes

et les miliciens, qui arrivoient par division, ame-
noient. Pour qu'il n'y eut point d'embarras et que le
chemin restât libre le jour pour y passer l'artillerie,
chaque division à mesure qu'elle arrivoit passoit pendant la nuit ces bateaux.

LE 10

M. le chevalier de Lévis avoit envoyé un détachement de cent Canadiens ou sauvages aux ordres de
M. de Langy pour reconnoître le chemin qui pouvoit
conduire depuis la tête du portage, suivant la côte du
nord du lac Saint-Sacrement, au fort Georges, pour
voir s'il ne seroit pas possible d'y faire passer un gros
corps de troupes.

Après que M. de Langy eut marché cinq lieues par
ce chemin, il rencontra un parti ennemi de trente
hommes, dont il y en eut dix-huit tués et huit prisonniers ; les quatre autres se sauvèrent dans les bois.
Il n'y eut qu'un Canadien et deux sauvages blessés
légèrement.

LE 12

M. Marin arriva avec quatre cents sauvages des
pays d'en haut. M. le chevalier de Lévis les fit partir
le 15 avec cent cinquante Canadiens et trois cents....*

* Ici un blanc dans le manuscrit.

pour aller par le fond de la baie et la Rivière au Chicot reconnoître le fort Lydius et faire une découverte sur cette partie pour cacher aux ennemis nos mouvements du portage du lac Saint-Sacrement.

M. Marin rencontra une garde d'environ cent hommes qui étoient à environ un quart de lieue du fort ; les sauvages les mirent en fuite, en tuèrent plusieurs et firent quatre prisonniers. M. Marin s'avança avec son détachement jusqu'à la portée du fusil du retranchement des ennemis, sous le fort Lydius. Il fusilla environ une demi-heure ; après quoi, il se retira par le même chemin et se rendit à la chûte de la Rivière au Chicot, où il avoit laissé ses bateaux. Nous n'eûmes dans cette affaire qu'un Canadien de tué et cinq sauvages blessés légèrement.

M. le marquis de Montcalm et M. de Rigaud arrivèrent à Carillon le 18 avec le reste des sauvages et le reste des troupes de la Marine ; il trouva le portage de l'artillerie et les bateaux finis ; il ne restoit plus que quelques munitions de guerre et les munitions de bouche à passer.

M. le marquis de Montcalm resta à Carillon, où il s'occupa à concilier les nations sauvages et à donner une forme aux troupes de la Marine qui furent mises par bataillon et les milices par brigades. Il continua d'envoyer des partis sauvages et Canadiens pour cacher nos mouvements.

LE 23

Il y eut un parti de sauvages des ennemis qui vinrent au camp de la Chûte où ils rencontrèrent une patrouille de quinze grenadiers du régiment de Guyenne qu'ils surprirent ; il y eut deux grenadiers qui furent tués et eurent la chevelure levée et deux autres de blessés. Le reste de ces grenadiers firent ferme derrière des arbres et fusillèrent avec les sauvages ennemis. Comme c'étoit auprès du camp et que l'on entendoit les coups de fusil, M. le chevalier de Lévis fit partir sur-le-champ pour aller à la poursuite du parti ennemi qui se retira à la faveur des bois.

M. le chevalier de Lévis envoya ordre en même temps à M. de Rigaud, qui étoit au camp de la tête du portage avec une partie des sauvages, de faire partir tout-de-suite deux détachements en leur faisant prendre des routes différentes pour faire en sorte de couper chemin au parti ennemi.

M. de Villiers eut le commandement de l'un, qui eut ordre de se porter au chemin des Agniès et de s'y embusquer et de ne rentrer au camp qu'en prenant le chemin de Carillon.

M. de Corbière, enseigne de la colonie, eut le commandement du second détachement et eut ordre de suivre le bord de la côte du nord du lac Saint-Sacrement et d'aller s'embusquer au-delà du chemin des Agniès, derrière le Cap des Arbres Matachés, sur le bord du lac vis-à-vis l'Ile-à-la-Barque, pour tâcher de même de couper la retraite aux ennemis, et découvrir s'il ne venoit point de partis sur le lac Saint-Sacrement. A l'entrée de la nuit, les découvreurs les plus avancés l'avertirent qu'il paroissoit sur le lac plusieurs bateaux. Sur cela M. de Corbière détacha des sauvages à toutes jambes qui vinrent apporter cette nouvelle au camp du portage, et demanda du secours. Tous les sauvages qui se trouvèrent au camp avancé, au nombre d'environ quatre ou cinq cents et une cinquantaine de Canadiens ou soldats se rendirent très promptement dans des canots d'écorce et dans quelques bateaux au secours de M. de Corbière qui faisoit toujours observer par ses découvreurs les mouvements des ennemis qui s'étoient arrêtés et attendoient le jour pour se mettre en marche.

Dès que nos sauvages furent arrivés, M. de Corbière fit retirer les bateaux d'écorce à terre et les fit cacher avec des branches. Les sauvages se cachèrent aussi dans le bois pour attendre que les ennemis eussent dépassé le cap où ils étoient pour pouvoir alors remettre leurs canots à l'eau et aller attaquer les ennemis.

Effectivement, à la pointe du jour, les ennemis, qui avoient été toute la nuit en panne, se remirent en marche. Les sauvages n'attendirent pas que les bateaux des ennemis les eussent totalement dépassés ; ils remirent leurs canots à l'eau et furent les attaquer avec la plus grande vivacité ; les ennemis qui ne s'attendoient pas à être rencontrés, furent surpris et ne firent presque point de résistance. Les sauvages en prirent ou noyèrent trois cents. Leur détachement étoit de quatre cents hommes; il s'en sauva environ une centaine dans les derniers bateaux.

Ce détachement venoit pour reconnoître nos forces à la chûte du lac Saint-Sacrement. Ils ignoroient encore tous nos mouvements puisque le colonel qui le commandoit avoit ordre d'attaquer le moulin à scie de la chûte auprès duquel nous avions depuis quinze jours quatre bataillons campés; nous n'eûmes dans cette affaire que trois sauvages et un cadet blessés légèrement.

Le commandant de ce détachement trouva le moyen de s'échapper; parmi les prisonniers, il y eut un colonel des troupes de la Nouvelle-Angleterre qu'il ne fut pas possible de retirer des mains des sauvages quelqu'offre que M. le chevalier de Lévis leur fit faire pour cela, et il fut emmené prisonnier dans le pays des sauvages. Ils étoient composés de vingt-deux nations différentes et des pays les plus éloignés, accoutumés à faire la guerre avec la plus grande cruauté, et quelques efforts que firent les généraux, il ne fut pas possible de les empêcher d'en commettre dans le cours de cette campagne.

Le portage étant entièrement fini le 28, il y eut un grand conseil avec les sauvages de toutes les nations pour fixer le jour du départ; il fut résolu que la moitié de l'armée iroit par terre pour favoriser le débarquement de la partie qui iroit sur le lac par les bateaux.

EXPÉDITION DU FORT GEORGES

Le 29

Les troupes qui devoient marcher par terre aux ordres de M. le chevalier de Lévis et de M. de Sénezergue, lieutenant-colonel, commandant le régiment de la Sarre, s'assemblèrent à l'ancien camp de M. de Contrecœur. Elles étoient composées de :

6 compagnies de grenadiers, de 45 hommes chaque... 270 hommes
6 piquets de troupes de terre............ 300
2 piquets de la Marine.................... 100
3 brigades de milices, de 400 hommes chaque..1200
Volontaires aux ordres de M. de Villiers.. 300
Sauvages de différentes nations......... 800
                                                                        ————
    Total...............................2970

M. le chevalier de la Pause, capitaine aide-major de Guyenne, fut chargé de faire le détail de ce corps.

Tableau de MM. les officiers de la colonie destinés à être à la tête des diverses nations sauvages qui vont faire la campagne, savoir : M. de la Corne-Saint-Luc, commandant en chef sous les ordres de M. de Rigaud de Vaudreuil, commandant les troupes de la Marine et Canadiens, sous les ordres de M. le marquis de Montcalm et M. le chevalier de Lévis, pour l'expédition du fort Georges.

NATIONS		OFFICIERS	INTERPRÈTES
Sauteux ....134 Missisaguès........157 Sauteux de Chawamigon............. 32	323	MM. Laplante et Laurimier.	Saint-Jean et Guillory.
Renards .... 20 Sakis................. 33 Puants. .... 44 Ayowois............. 10 Folles-Avoines ....129 Poutouotamis...... 90	326	MM. Marin et Levreau-Langy.	Réaume et Detailly.

Tableau de MM. les officiers de la colonie, etc. — (*Suite.*)

NATIONS		OFFICIERS	INTERPRÈTES
Outawas Kiska-kons.............. 94 Outawas de la Fourche......... 70 Outawas du Sagui-nan .... 54 Outawas Sinago... 35 Outawas du Détroit 30	283	MM. Langlade, Florimond et Herbin.	Farly et La Déroute.
Hurons de Québec 26 Hurons du Détroit 26 Iroquois du Saut..258 Iroquois du Lac.. 81	391	MM. Longueuil fils et Sabrevoix.	Perthuis.

Tableau de MM. les officiers de la colonie, etc. — (*Suite.*)

NATIONS			OFFICIERS	INTERPRÈTES
Abénaquis de Bé-kancourt, etc.				
Abénaquis de St-François et Mis-sicouy..........	245	301	M. le chevalier de Niverville.	Chatavieux.
Amalessides........	56			
Népissings et Al-gonquins..............		93	M. de Langy de Montégron.	Joson Saint-Germain.
Kikapous...........	17			
Maskoutins	12	69	M. de Belaitre.	Roys et Constant.
Ouyattanons	15			
Illinois..............	25			
		1786		
		10	Loups. M. de Belle-Rivière.	
		1796		

LE 30

M. le chevalier de Lévis partit avec son détachement pour se rendre à la baie de Ganaouské qui est à
cinq lieues du fort Georges, où l'armée devoit le
joindre.

M. le chevalier de Lévis disposa sa marche, à cause
de la difficulté des chemins, par faire faire l'avant-
garde par les sauvages et par les volontaires de M. de
Villiers ; ensuite marchoient les grenadiers et les
piquets ; les trois brigades de Canadiens faisoient l'arrière-garde. Etant parti à quatre heures du matin, il
marcha dans cette disposition jusqu'à dix heures qu'il
fit faire halte après avoir passé le défilé de la Montagne pelée. Le pays se trouvant plus beau, il chan-
gea sa marche et la disposa sur trois colonnes ; les
sauvages et les volontaires de Villiers firent toujours
l'avant-garde ; celle de la droite étoit composée des
piquets et de deux brigades de Canadiens ; la colonne
du centre étoit composée des campagnies de grenadiers ; celle de la gauche étoit composée de deux brigades de Canadiens ; après qu'on eut fait halte, on se
remit en marche jusqu'à quatre heures du soir et l'on
campa sur les bords d'un ruisseau dans une bonne
position.

Il y eut dans cette journée beaucoup de traîneurs,
quoiqu'on ne fit pas plus de quatre lieues à cause des
mauvais chemins ; le plus difficile est la Montagne
pelée, dont la montée et la descente sont très mau-

vaises. A deux lieues de là, il y a encore une montagne qu'il faut monter obliquement, qui est escarpée.

LE 31

M. le chevalier de Lévis fit partir M. Wolf, lieutenant, avec dix-neuf Canadiens, pour instruire M. le marquis de Montcalm de sa marche ; ce détachement ramena un capitaine des troupes de la Marine et un lieutenant en second des troupes de terre qui se trouvoient trop fatigués pour continuer leur marche.

M. le chevalier de Lévis fit marcher son détachement dans le même ordre que la veille et partit à quatre heures du matin ; il fit environ quatre lieues dans cette journée. Les chemins ne furent pas si difficiles que ceux de la journée précédente ; il n'y eut qu'une montagne difficile à descendre pour arriver au bord d'un ruisseau environ à moitié chemin, lequel ruisseau va se décharger dans la baie de Ganaouské, que l'on passa plusieurs fois. L'on campa à la rive gauche de ce ruisseau et en arrivant, M. le chevalier de Lévis envoya des découvreurs pour reconnoître le chemin pour le lendemain.

AOUT

M. le chevalier de Lévis fit remarcher le 1er août dans le même ordre que la veille. On partit à quatre heures du matin. En partant du camp, on passa le ruisseau à gué ; il y avoit environ deux pieds d'eau. Après quoi l'on monta une montagne fort longue ; la descente n'en est point mauvaise ; l'on monta encore une seconde montagne ; après que l'on en fut descendu, on arriva sur le bord de la baie de Ganaouské. L'on fit halte à dix heures sur le bord d'un petit ruisseau. L'on se remit en marche à midi suivant le bord de la baie. L'on s'arrêta pour camper à deux heures et demie, vis-à-vis les îles qui sont à l'entrée de la baie d'où l'on voit tout le lac.

M. le chevalier de Lévis fit camper son détachement dans une très bonne position ; la droite à la montagne, la gauche au lac ; le front étoit bordé d'un grand ravin ; dans ces trois jours de marche au travers des bois et des montagnes, l'on ne s'est pas éloigné d'une demi-lieue des bords du lac.

A dix heures du soir, M. le chevalier de Lévis fit allumer trois feux sur le bord de la Rivière qui étoient le signal dont il étoit convenu avec M. le marquis de Montcalm.

L'armée commença à arriver à minuit et demi. Elle débarqua derrière le détachement de M. le chevalier de Lévis. M. le marquis de Montcalm arriva à trois heures ; le reste de l'armée arriva successivement.

Le détachement de M. le chevalier de Lévis prit des vivres pour quatre jours, ce qui fut cause qu'il ne put se mettre en marche qu'à onze heures du matin.

M. le marquis de Montcalm et M. le chevalier de Lévis convinrent que le détachement qui étoit à ses ordres continueroit à marcher dans le même ordre et suivroit le bord du lac Saint-Sacrement et que l'armée suivroit de même sa marche dans les bateaux en observant de se tenir à la même hauteur que le détachement qui alloit par terre.

M. le chevalier de Lévis étant parti à onze heures marcha jusqu'à cinq heures du soir. Le pays par où il passa, est plat; le bois est assez beau; mais il y a plusieurs petits marais à passer qui ralentirent la marche et fatiguèrent beaucoup les troupes.

M. le chevalier de Lévis étant arrivé à une lieue du fort, dont on pouvoit le voir, fit camper son détachement dans une bonne position, la droite à la montagne, la gauche au lac, un ruisseau bordoit le front.

M. le chevalier de Lévis envoya à M. de Montcalm MM. de Bougainville et Wolf pour lui faire part de sa position et lui faire dire que l'armée pouvoit débarquer en toute sûreté et venir camper derrière son détachement où il y avoit du terrain ; que les bateaux et l'artillerie pouvoient aussi se placer dans l'anse que le détachement couvroit où ils seroient en sûreté.

M. le marquis de Montcalm envoya dire à M. le chevalier de Lévis qu'il alloit rassembler les troupes qui étoient dans les bateaux, de même que l'artillerie, et qu'il feroit débarquer les troupes le plus tôt qu'il lui seroit possible et qu'il viendroit se placer derrière son détachement.

A onze heures, l'armée commença à débarquer et se

plaça derrière le détachement de M. le chevalier de
Lévis.

A minuit, il y eut une alerte occasionnée par des
sauvages qui découvrirent deux berges angloises qui
venoient nous reconnoître. Ils mirent sur le champ
leurs canots à l'eau et fureut attaquer les anglois qui
étoient dans les barges ; ils en prirent une où il y
avoit douze hommes ; l'autre se sauva. Il y eut un
sauvage Nepissing de tué et deux de blessés.

Les prisonniers pris dans cette berge rapportèrent
que les ennemis avoient aperçu nos bateaux et étoient
informés de notre marche ; qu'à six heures du soir, il
leur étoit arrivé un renfort de mille hommes avec
quatre pièces de canon et un convoi de vivres de cinquante chariots ; que l'ordre avoit été donné pour
venir au devant de nous pour nous attaquer ; qu'à
minuit, on devoit tirer un coup de canon qui étoit le
signal pour prendre les armes et que l'on marcheroit
à la pointe du jour. Effectivement, nous l'entendîmes
tirer à minuit, ce qui nous fit croire que les ennemis
viendroient nous attaquer. En conséquence, M. le marquis de Montcalm et M. le chevalier de Lévis firent
leurs dispositions et déterminèrent que l'armée prendroit les armes au point du jour ; que M. le chevalier
de Lévis avec son détachement et avec tous les sauvages feroient l'avant-garde et que l'armée le suivroit,
que l'on marcheroit sur le plus de colonnes que le
pays le permettroit dans cet ordre, à la rencontre de
l'ennemi, après que l'on auroit laissé des gardes suf-

fisantes pour l'artillerie et les bateaux, et que, si on ne trouvoit point les ennemis en chemin, l'armée continueroit sa marche pour faire l'investiture du fort Georges.

Les ennemis ne firent d'autre mouvement que de quitter leur camp qui étoit sous le fort, pour aller occuper un camp retranché qui étoit sur la gauche du fort, qu'ils avoient préparé d'avance et M. le chevalier de Lévis ne rencontra sur son chemin que quelques postes avancés des ennemis à l'entrée du Désert que les sauvages replièrent et chargèrent vivement.

M. le chevalier de Lévis se porta avec un détachement sur le chemin du fort Lydius, où, avant que d'arriver, les sauvages trouvèrent cent cinquante bœufs qu'ils tuèrent à coups de fusil, et l'avant-garde défit un détachement d'environ cent hommes qui étoient sortis des retranchements pour faire entrer les bœufs qui étoient à la pâture. Ils ont été d'un grand secours pendant le siège à toute l'armée qui, par ce moyen, a mangé de la viande fraîche.

M. le chevalier de Lévis étant posté avec son détachement sur le chemin du fort Lydius, il en plaça une partie pour s'opposer au secours qui pouvoit venir par ce chemin, et l'autre partie fut placée pour masquer et observer les mouvements que les ennemis faisoient au fort et au retranchement.

M. le chevalier de Lévis informa M. le marquis de Montcalm de sa position et lui demanda de nouveaux ordres. M. le marquis de Montcalm fit faire halte à

7

l'armée qui se trouvoit pour lors à une demi-lieue de l'avant-garde et il s'y porta de sa personne pour conférer avec M. le chevalier de Lévis sur les autres dispositions ultérieures à faire. Ils s'approchèrent ensemble pour reconnoître les retranchements, et ils convinrent qu'ils n'étoient point attaquables de vive force, ce qui les détermina à faire le siège du fort en forme et de faire prendre une position à toute l'armée pour pouvoir faire le siège et s'opposer en même temps au secours qui pouvoit venir du fort Lydius.

M. le marquis de Montcalm envoya ordre à M. de Bourlamaque, qui étoit resté à la tête de l'armée de rétrograder avec les brigades de la Sarre et de Royal-Roussillon pour aller camper, la gauche au lac, la droite à la montagne afin de couvrir le dépôt de l'artillerie, et de faire rapprocher la brigade de la Reine d'un quart de lieue de l'avant-garde. Ce fut la disposition qui fut faite pour passer cette nuit en attendant qu'on en prît une autre le lendemain pour se rapprocher des brigades de la Sarre et de Royal-Roussillon.

A quatre heures après-midi M. le marquis de Montcalm envoya sommer le commandant de se rendre, s'il ne vouloit point courir les risques d'être livré à la fureur des sauvages qui ne leur feroient point de quartier, s'ils se mettoient dans le cas de défendre le mauvais poste où ils étoient. Le colonel Munro qui commandoit dans le fort répondit qu'il ne se rendroit qu'à extinction de vie et qu'il étoit de son devoir de défendre son poste.

M. le marquis de Montcalm fit passer la nuit à la brigade de la Reine. M. le chevalier de Lévis resta avec M. de Rigaud à l'avant-garde.

LE 4 AU MATIN

N'ayant eu aucune nouvelle des ennemis, M. le marquis de Montcalm concerta avec M. le chevalier de Lévis sur les dispositions nécessaires pour s'opposer au secours qui pouvoit venir d'Orange. Il lui laissa le détail des sauvages et des miliciens qu'il fit camper à quelque distance du chemin de Lydius et le chargea d'avoir sur cette route des découvertes continuelles pour lui donner avis de ce qui se passeroit.

M. le marquis de Montcalm replia ensuite les grenadiers et les piquets et revint avec la brigade de la Reine qu'il rapprocha des deux autres de manière que toute l'armée étoit campée sur la même ligne dont la gauche étoit appuyée au lac et la droite à la montagne qui s'étendoit vers le chemin qui mène au fort Lydius.

M. de Bourlamaque fut chargé de la direction des attaques et de tous les détails du siège.

La tranchée fut ouverte le 4 au soir par 500 travailleurs et soutenus par 300 hommes, grenadiers et piquets aux ordres du sieur de Roquemaure, lieutenant-colonel. L'on poussa les travaux avec la plus grande vivacité. Nos batteries commencèrent à tirer le second jour que la tranchée fut ouverte de façon que le quatrième jour la tranchée se trouva avancée à quarante toises du fort.

Les ennemis se voyant si pressés demandèrent à capituler. Ce qui les y engagea fut une lettre que M. de Montcalm leur envoya du général Webb, qui écrivoit au général Munro du fort Lydius, dans laquelle il lui mandoit qu'il faisoit assembler les milices pour marcher à lui, que cependant, s'il étoit trop pressé pour attendre le secours, il tâchât d'avoir une composition honorable.

Cette lettre fut trouvée sur un courrier du général Webb, qui fut pris par un de nos partis que M. le chevalier de Lévis avoit envoyé à la découverte.

PRISE DU FORT GEORGES

LE 9

A sept heures du matin, les ennemis demandèrent à capituler. Le commandant anglois envoya à cet effet le lieutenant-colonel Young pour dresser les articles que M. le marquis de Montcalm lui envoya par le sieur de Bougainville, aide-de-camp. Il fit en même temps assembler les chefs des nations qui approuvèrent la capitulation et promirent de s'y conformer.

A onze heures, le sieur de Bougainville prit possession du fort avec les troupes de la tranchée et avec le chevalier de Bernets, lieutenant-colonel. Il fut chargé du déblai de l'artillerie et des vivres, ainsi que de la démolition du fort qui fut rasé et brûlé jusqu'aux fondements.

Le chevalier de Lévis continua à être chargé de masquer le chemin d'Orange.

La capitulation porte que les troupes angloises du fort, ainsi que celles du camp retranché sortiront avec les honneurs de la guerre et une pièce de canon par distinction, que lesdites troupes qui sont au nombre de deux mille trois cents hommes ne serviront de dix-huit mois.

L'on a trouvé dans la place vingt-trois pièces de canon, trois mortiers, dix-sept pierriers et un obusier, quarante milliers de poudre et des vivres pour quatre mois.

Les ennemis ont eu environ cent hommes de tués et cent-cinquante de blessés.

Notre perte a été peu considérable : vingt hommes tués, quarante blessés, dont un officier.

Le 10

Les Anglois évacuèrent les retranchements pour se rendre au fort Lydius, conformément à la capitulation que nos sauvages n'observèrent pas bien fidèlement, malgré tous les efforts que les officiers françois firent pour les en empêcher, parce que les Anglois avoient donné de l'eau-de-vie aux sauvages, dont la plus grande part se trouvèrent ivres et personne ne put les contenir de façon que les Anglois furent houspillés. Il y eut même une cinquantaine de chevelures levées et trois cents prisonniers, dont M. de Montcalm fit rendre le lendemain une partie, et tous ceux qui furent emmenés à Montréal, M. le marquis de Vaudreuil les racheta fort cher des sauvages et les renvoya à Boston.

Les Anglois ne doivent s'en prendre qu'à eux-mêmes de l'infraction qui a été faite de la capitulation par les sauvages, puisqu'ils leur ont donné de l'eau-de-vie malgré la recommandation qu'on leur avoit faite de ne leur donner aucune boisson.

Les Anglois doivent même être satisfaits de ce qu'ils ont vu que toutes les troupes françoises et les Canadiens, de même que les officiers supérieurs, ont exposé leur vie pour les tirer des mains et de la fureur des sauvages, et l'on comprendra avec peine comment 2300 hommes armés se sont laissé déshabiller par des sauvages qui n'étoient armés que de lances et de casse-têtes sans qu'ils aient fait seulement mine de se mettre en défense; et, sans le secours qu'ils ont reçu des officiers françois, ils auroient été tous tués.

La fatigue de nos troupes a été incroyable durant tout le temps de cette expédition. Entre les travaux du siège, il n'y avoit eu de jour que nos propres sauvages, gens fort soupçonneux et attentifs, n'aient quelque alerte au camp de M. le chevalier de Lévis. En effet, il étoit à penser que le général Webb, qui n'étoit qu'à cinq lieues du fort Georges feroit un effort pour venir se joindre aux troupes du camp retranché ou du moins pour le replier et favoriser sa retraite, ce qui étoit fort facile.

Les déserteurs nous apprirent que peu de jours après la prise de la place qu'il s'étoit rassemblé près de douze mille miliciens des gouvernements de Boston, Rhode-Island et de New-York, qui s'en retournèrent tout de suite, sur la nouvelle de la capitulation.

LE 18

On commença à travailler et à faire le portage de toutes les munitions à Carillon. Les miliciens partirent tout de suite pour retourner chez eux faire leurs récoltes.

M. le marquis de Montcalm partit peu de jours après pour retourner à Montréal.

M. le chevalier de Lévis resta chargé du déblai de l'artillerie et de l'armée. Ayant été contrarié par la pluie, quelque diligence qu'on ait pu faire, le portage n'a été fini que le 1er septembre.

SEPTEMBRE 1757

Avant que le chevalier de Lévis eût entièrement

déblayé les troupes, il ne voulut pas laisser d'inquiétude à M. le marquis de Vaudreuil sur les mouvements que les ennemis pouvoient faire sur la frontière.

En conséquence, il envoya un détachement aux
ordres de M. de Contrecœur à la tête du lac Saint-
Sacrement, avec ordre de se porter sur les ruines du
fort Georges, où il trouva toutes choses dans l'état
que nous l'avions laissé.

M. le chevalier de Lévis fut en même temps informé
par un parti qu'il avoit envoyé pour reconnoître la
Rivière au Chicot, que les ennemis faisoient quelques
mouvements dans cette partie, ce qui le détermina à
faire un détachement de toutes les compagnies de
grenadiers et d'un piquet par bataillon avec lequel il
se porta à l'embouchure de la Rivière au Chicot et
dans le fond de la baie à dix lieues en avant de
Carillon.

A la chute de la Rivière au Chicot, on trouva un
camp que les ennemis avoient abandonné, où il fit
brûler un petit retranchement qu'ils avoient commencé.

M. le chevalier de Lévis fut de retour avec son
détachement à Carillon le 3 de septembre; il en partit le 4 avec les bataillons de la Reine, la Sarre,
Languedoc, Guyenne et trois cents hommes des
troupes de la Marine pour se rendre à Saint-Jean et
dans le gouvernement de Montréal.

M. de Bourlamaque resta à Carillon avec les bataillons de Royal-Roussillon et Béarn, avec trois cents hommes des troupes de la Marine pour continuer les travaux du fort.

M. le chevalier de Lévis arriva à Saint-Jean le 7 septembre, où il reçut ordre de M. le marquis de Montcalm d'y laisser les régiments de la Reine, la Sarre, Languedoc, et M. Désandroins, ingénieur, pour continuer les fortifications de ce fort, et d'envoyer le bataillon de Guyenne travailler au chemin du portage de Chambly et de renvoyer les troupes de la Marine dans les garnisons de Montréal et de Québec.

M. le marquis de Vaudreuil manda en même temps à M. le chevalier de Lévis de se rendre de sa personne, le 8, à Montréal, pour y remplacer M. le marquis de Montcalm, qui devoit partir pour Québec le 12 du même mois pour passer la revue du régiment de Berry nouvellement arrivé de France et conférer avec Monsieur l'Intendant sur les besoins des troupes de terre et sur ce qu'il y avoit à demander en France.

M. le chevalier de Lévis, ayant mis tous les ordres de M. le marquis de Vaudreuil en exécution, partit de Saint-Jean et arriva à Montréal le 8. M. le marquis de Montcalm en partit le 12 pour Québec.

M. le marquis de Vaudreuil, le 28 septembre, donna des ordres à M. le chevalier de Lévis pour réduire la ration des quatre bataillons qui étoient à Saint-Jean et à Chambly, à commencer du 1er octobre, à une livre de pain, un quart de pois et un quart de lard.

M. le chevalier de Lévis fit passer à cet égard les ordres de M. le marquis de Vaudreuil aux commandants des bataillons et leur exposa la nécessité qu'il y avoit à se soumettre à cette réduction de vivres. Elle fut mise à exécution le 1er octobre; les soldats s'y prêtèrent de bonne grâce.

OCTOBRE

La même réduction fut ordonnée pour les garnisons de Montréal et de Québec que M. le marquis de Montcalm fit mettre à exécution au régiment de Berry.

M. le marquis de Vaudreuil fit assembler à la Chine, le 20 du mois d'octobre, un détachement de 100 Canadiens, cadets ou soldats de la Marine, et de dix officiers et environ deux cents sauvages, tous des domiciliés, pour marcher aux ordres de M. de Bellaître, lieutenant des troupes de la Marine. Ce détachement eut ordre de se rendre à la Présentation et d'y prendre des vivres et d'en partir avec les sauvages de ce village pour aller frapper sur les habitations angloises de la Rivière de Moack-Corlac et des Agniès.

EXPÉDITION DE M. DE BELLAITRE

M. de Bellaître partit de la Présentation avec son détachement le 24, et se rendit au lac Ontario le

6 novembre, de là à la Rivière à la Famine, remonta cette rivière trois ou quatre lieues, où il laissa les bateaux et quelques hommes pour les garder. Il en partit le 10 et suivit les sentiers qui conduisent au lac des Anoyots. Le pays par lequel il passa est beau. Il n'y a que quelques montagnes. Le terrain est spongieux dans l'arrière-saison ; il passa trois rivières à gué, dont les eaux étoient fort hautes, dans les quatre jours qu'il mit à se rendre de la Rivière à la Famine au fort William ; l'on y compte vingt-quatre ou trente lieues.

M. de Bellaître envoya des colliers aux cinq nations au village des Anoyots pour les avertir et les inviter à prendre la hache contre l'Anglois et se joindre avec leurs frères les Iroquois et les François, tous enfants d'Onontio (qui veut dire roi de France) pour aller frapper sur l'Anglois. Il y eut quelques sauvages de ce village qui se rendirent à cette invitation et se joignirent à ce détachement.

M. de Bellaître tint conseil et il fut déterminé que l'on iroit frapper au village des Palatins, située à douze lieues du fort William, à la rive gauche de la Rivière de Moack, vis-à-vis le fort de Covarès, qui est à la rive droite de cette rivière.

M. de Bellaître partit de l'endroit où étoit situé le fort William à la pointe du jour, et, suivant la rive droite de la Rivière de Moack, il se rendit par le même chemin jusqu'à environ quatre ou cinq lieues du fort de Covarès.

Il laissa le chemin à droite et passa la rivière à gué où il y avoit de l'eau jusqu'à la ceinture. Après avoir passé cette rivière, il ne se trouvoit éloigné que de quatre lieues du village des Palatins. Il continua à marcher pendant la nuit et envoya un sauvage Anoyot dans le village pour avertir les sauvages des Cinq Nations qui pourroient s'y trouver de se retirer.

M. de Bellaître attaqua à la pointe du jour le village par trois endroits différents. Il y pénétra sans beaucoup de résistance. Ce village consistoit en trente maisons. Il y avoit trois cents hommes, femmes ou enfants, dont il y en eut cent deux prisonniers ; les autres se sont retirés, en passant la Rivière des Agniès, au fort de Covarès. Le village fut entièrement détruit et brûlé.

M. de Bellaître y resta vingt-quatre heures, pendant lequel temps son détachement fusilla avec la garnison du fort de Covarès, qui étoit de l'autre côté de la rivière.

Les sauvages, Canadiens et soldats firent un butin considérable ; on ravagea les environs du village et l'on tua quantité de bestiaux.

M. de Bellaître se retira par le même chemin qu'il avoit tenu, sans être inquiété par les ennemis, et se rendit à Montréal avec les prisonniers, où il arriva le 29 novembre.

Nous n'avons eu dans ce détachement que deux

sauvages de blessés, un soldat et un Canadien, et
M. de Laurimier, enseigne des troupes de la colonie.

M. le marquis de Vaudreuil partit le 6 octobre pour
Québec pour y tenir le conseil de guerre contre les
officiers de la garnison qui avoit défendu le fort de
Beauséjour en Acadie. Il laissa à M. le chevalier de
Lévis des ordres pour faire partir un piquet de cha-
cun des quatre bataillons qui étoient campés à Saint-
Jean et à Chambly pour former la garnison de
Carillon.

M. le chevalier de Lévis fit partir le 12 de Saint-
Jean ces quatre piquets aux ordres de M. d'Hébecourt,
destiné à commander à Carillon, qui étoit porteur des
ordres de M. le marquis de Vaudreuil à M. de Bourlamaque, pour replier, le 20 octobre, le camp de
Carillon et ramener les bataillons de Royal-Roussillon
et Béarn, et les trois cents hommes de troupes de la
Marine dans le gouvernement de Montréal. Il devoit
y rester un piquet de chacun de ces deux bataillons,
de même que cinquante hommes des troupes de la
Marine pour compléter la garnison.

M. de Bourlamaque arriva avec ces dernières troupes
à Saint-Jean le 27, où il trouva des ordres de M. le
chevalier de Lévis conformément à ceux qu'il avoit
reçus de M. le marquis de Vaudreuil pour envoyer le
bataillon de Royal-Roussillon dans ses quartiers d'hiver à Boucherville et le bataillon de Béarn à Montréal pour y tenir garnison.

M. le chevalier de Lévis, en conséquence des ordres

que lui avoit laissés M. le marquis de Vaudreuil, fit partir le régiment de la Reine, le 27, pour Québec, pour y tenir garnison. Le régiment de Languedoc partit le 26 pour se rendre dans ses quartiers de la Pointe aux Trembles du gouvernement de Québec. Le régiment de la Sarre partit le 28 pour se rendre dans ses quartiers de l'Ile-Jésus du gouvernement de Montréal. Le régiment de Guyenne décampa le 29 pour se rendre dans ses quartiers de la Rivière de Chambly.

M. de Bourlamaque se rendit à Québec avec le régiment de la Reine pour y passer l'hiver.

Le 15 octobre

Il arriva à Montréal les députés des Cinq Nations, composés de trente sauvages, pour faire compliment à M. le marquis de Vaudreuil sur la prise du fort Georges et sur tous les succès qu'il avoit eus pendant la campagne, et pour l'assurer en même temps de la fidélité des Cinq Nations à garder au moins une exacte neutralité, mais qu'ils assuroient que tous les villages n'attendoient qu'un moment favorable pour prendre la hache pour leur père et frapper sur l'Anglois.

M. Duplessis, major de Montréal, reçut la députation des Cinq Nations et leur répondit au nom de M. le marquis de Vaudreuil, qui lui avoit adressé ses réponses de Québec.

La Cour ayant prévu l'hiver dernier les efforts que les Anglois feroient pendant la dernière campagne sur

Louisbourg, avoit destiné à bonne heure une flotte de dix-huit vaisseaux de guerre et le Greenwich, vaisseau anglois de 64 pièces de canon pris, et cinq frégates qui devoient s'y rassembler sous les ordres de M. de Bois de la Motte avec deux bataillons de rénfort.

Il ne falloit pas moins que cette escadre pour mettre Louisbourg en sûreté; car, si une fois l'ennemi y débarque, la place n'est pas en état de lui résister. Tout ce qu'on y a fait jusqu'à présent consiste à avoir mis une partie du chemin couvert en état. Quant au corps de la place, le revêtement n'en vaut rien et est dans un délabrement total. Le chemin couvert est dominé en plusieurs endroits, ainsi que la place.

Il est surprenant que la Cour ne soit pas informée de l'inutilité qu'il y a à faire travailler sur une si mauvaise position. Le sieur Franquet, ingénieur de réputation, chargé d'y faire travailler depuis trois ans, n'a sans doute pas négligé de l'en instruire; et l'on doit s'attendre qu'une fois le débarquement fait, la place sera prise.

Les Anglois avoient armé une flotte de vingt-sept vaisseaux de ligne ou frégates avec huit bataillons qui devoient être transportés à Halifax, où étoit le rendez-vous, et joints par d'autres troupes de la Nouvelle-Angleterre que le général Loundon devoit y réunir après avoir mis en sûreté les frontières.

M. de la Motte, rassemblé à Louisbourg, fit ses dispositions pour défendre l'approche de l'escadre des ennemis, et, se croyant assez fort, il envoya le Bizarre et le Célèbre porter à Québec les deux bataillons de Berry. Les ennemis parurent deux fois et relâchèrent. Ils essuyèrent une tempête à la fin de la campagne qui leur fit perdre deux gros vaisseaux et partie des équipages. Ils laissèrent trois à quatre vaisseaux en hivernement dans la Nouvelle-Angleterre et toutes leurs troupes se mirent en mouvement vers Orange, après la prise du fort Georges, craignant pour le fort Lydius. Notre escadre en fit de même vers la fin de l'automne pour retourner en France, ayant beaucoup souffert de maladies à Louisbourg.

NOVEMBRE

Le 1er novembre, les quatre bataillons destinés à passer l'hiver dans le gouvernement de Montréal étoient rendus dans leurs quartiers.

M. le chevalier de Lévis reçut des ordres de M. le marquis de Vaudreuil et de M. de Montcalm pour réduire encore la ration des soldats de la garnison de Montréal à une demi-livre de pain, trois quarts de bœuf, un quart de morue et un quart de pois avec une demi-livre de pain payée en argent à commencer du 1er novembre ; on avoit réduit celle de Québec au même taux, ce qu'elle avoit exécuté sans difficulté.

M. le chevalier de Lévis parla lui-même aux soldats de Béarn et leur représenta la nécessité indispensable qu'il y avoit de se soumettre à cette réduction des vivres. En conséquence, le régiment de Béarn prit les vivres à 9 heures du matin de bonne grâce sans témoigner le moindre mécontentement. Les troupes de la Marine qui devoient les prendre à la même heure refusèrent de les recevoir et de se soumettre à cette réduction, et se retirèrent du lieu où l'on faisoit la distribution. Leurs officiers ne purent les contenir.

M. le chevalier de Lévis ne fut informé du refus des vivres qu'avoient fait les troupes de la Marine qu'à midi par M. Duplessis, major de Montréal, qui dinoit ce jour là chez lui.

M. le chevalier de Lévis dit à M. Duplessis qu'il étoit de grande conséquence et de nécessité absolue de forcer les soldats à prendre les vivres. M. Duplessis lui dit qu'il avoit grondé les officiers qui s'étoient trouvés à la distribution et qu'il avoit ordonné que les troupes de la Marine se trouvassent à une heure après midi avec les officiers dans la cour de l'Intendance pour y passer la revue du commissaire, et qu'il parleroit aux soldats pour leur faire prendre les vivres de même qu'avoient fait les troupes de terre.

Après le dîner, M. Duplessis sortit pour se rendre à l'Intendance. M. le chevalier de Lévis lui dit que si les soldats de la Marine persistoient à refuser les vivres, il eut à le faire avertir et qu'il s'y rendroit sur-le-champ pour les forcer à les prendre.

Une heure après que M. Duplessis fût sorti de chez M. le chevalier de Lévis, il lui envoya le sergent-major de la Marine pour le prier de se rendre à l'Intendance, parce que les soldats de la Marine persistoient dans leur mutinerie et dans le refus des vivres.

M. le chevalier de Lévis s'y rendit sur-le-champ avec quelques officiers des troupes de terre qui avoient dîné chez lui; en arrivant, il trouva les soldats de la Marine en foule dans la cour et sans ordre tenant de mauvais propos; il leur imposa silence et leur fit prendre les armes, leur représenta la nécessité qu'il y avoit à se soumettre à la réduction de vivres, leur dit que les troupes de terre s'y étoient soumises sans difficulté, qu'il falloit qu'ils en fissent de même, et qu'il feroit pendre sur-le-champ le premier qui hésiteroit à prendre les vivres. En conséquence, il ordonna à la première compagnie de les prendre, ce qu'elle fit de même que le reste des troupes de la Marine sans murmurer davantage. Ils firent même des excuses à M. le chevalier de Lévis, en disant que Messieurs les officiers ne leur avoient pas bien expliqué les motifs de la réduction, et que désormais ils seroient soumis à toutes les volontés de leurs supérieurs. M. le chevalier de Lévis leur assura aussi qu'il tiendroit la main pour qu'il ne leur fût fait aucun tort, mais qu'il puniroit sans miséricorde tous les mutins s'il s'en trouvoit encore.

M. le chevalier de Lévis dit à M. Duplessis, en présence de tous les soldats de la Marine, que le refus des vivres n'étoit venu que par la faute que Messieurs les officiers avoient eue de ne point expliquer les intentions de Monsieur le général et que c'étoit le cas de pardonner aux soldats le refus qu'ils avoient fait de prendre les vivres parce qu'ils ignoroient sur quel pied la réduction avoit été faite.

Après que la revue eut été faite et que les vivres eussent été pris, on envoya les soldats de la colonie dans leurs quartiers, où ils retournèrent sans murmurer, avec satisfaction et se louant de M. le chevalier de Lévis. On fut obligé, malgré la mauvaise saison, d'envoyer chercher à Carillon deux cents quarts de farine, la ville manquant entièrement.

M. le marquis de Vaudreuil arriva de Québec à Montréal le 10 novembre.

LE 20

A 8 heures du soir, M. de Malartie, major de Béarn, vint avertir M. le chevalier de Lévis que plusieurs sergents venoient de lui rendre compte de même qu'à M. d'Alquier, commandant de ce régiment, que les soldats de la Marine et quelques habitants fomentoient les soldats du régiment de Béarn à se révolter et à refuser les vivres et que l'on avoit fait courir des billets.

M. le chevalier de Lévis ordonna à M. de Malartie de mettre des sergents et les soldats les plus affidés en campagne pour tâcher d'arrêter les soldats de la Marine ou habitants qui seroient porteurs des billets ou tiendroient des propos qui pourroient tendre à une sédition; il lui ordonna en même temps de se trouver à la distribution le lendemain avec le capitaine et le lieutenant, qui étoit commandé ordinairement, et que, s'il s'apercevoit que les soldats fissent la moindre difficulté de prendre les vivres, il envoyât sur le champ un sergent l'avertir, qu'il se rendroit dans le moment au lieu de la distribution pour y mettre ordre.

M. le chevalier de Lévis fit prier M. Dalquier de lui amener chez lui quatre grenadiers pour qu'il pût leur dire ses intentions.

M. le chevalier de Lévis dit aux quatre grenadiers qu'il étoit informé que les soldats de la Marine et même les habitants sollicitoient le régiment de Béarn à une sédition et à refuser de prendre les vivres; qu'il étoit persuadé que les soldats de Béarn connois-soient trop bien leurs devoirs pour écouter de pareils propos et qu'ils arrêteroient ceux qui pourroient les tenir, et que c'étoit dans tous les cas aux troupes de terre à montrer le bon exemple; que le Roi les avoit envoyés pour défendre cette colonie, non seulement par les armes, mais encore pour supporter toutes les misères que les circonstances demanderoient; qu'il falloit nous regarder comme dans une ville assiégée privée de tout secours; qu'ils n'ignoroient pas que c'étoit aux grenadiers à montrer l'exemple, à être les plus soumis et à tenir les meilleurs propos; que s'il arrivoit quelque mutinerie, il s'en prendroit aux grenadiers de Béarn ; que c'étoit sur eux qu'il feroit tomber le premier exemple ; qu'il les en avertissoit ; que c'étoit à eux de se conduire de façon qu'il n'eût aucun reproche à leur faire à cet égard ; que d'ailleurs il tiendroit la main pour qu'il ne leur fût fait aucun tort ; et qu'il leur rendroit tous les services qui dépendroient de lui. Les grenadiers l'assurèrent qu'ils se conduiroient bien et qu'il n'auroit aucun reproche à leur faire.

M. le chevalier de Lévis fut rendre compte à M. le marquis de Vaudreuil de tout ce qui se passoit et des arrangements qu'il avoit pris pour qu'il n'arrivât point de désordre parmi les troupes de terre. M. de Vaudreuil les approuva et lui dit qu'il alloit prendre les mêmes arrangements pour celles de la Marine.

Les troupes de terre furent à leur ordinaire, le 21, à la distribution où les grenadiers tinrent de bons propos, et tout se passa bien. M. de Malartie, après qu'elle fut faite, se rendit chez M. le chevalier de Lévis qui en fut rendre compte à M. le marquis de Vaudreuil, où il trouva tous les officiers des troupes de la Marine qui y étoient assemblés. Les soldats de ce corps se rendirent à onze heures à la distribution qui se passa de même en règle.

DÉCEMBRE 1757

Le 1er du mois de décembre, l'on ôta entièrement le quarteron de pain que l'on distribuoit au peuple, et,

à la place, on voulut faire donner moitié bœuf et moitié cheval, dont la livre de l'un et de l'autre ne seroit
payée que six sols. Mais le peuple témoigna de la
répugnance pour le cheval et refusa d'en prendre.
L'après-midi, il y eut une émeute de femmes ; elles
s'assemblèrent devant la porte de M. le marquis de
Vaudreuil ; elles demandèrent à lui parler. M. le marquis de Vaudreuil en fit entrer quatre chez lui. Il leur
demanda quel étoit le sujet de cette émeute. Elles
répondirent qu'elles venoient pour lui demander du
pain. M. le marquis de Vaudreuil dit qu'il n'en avoit
point à leur faire donner ; qu'il n'en avoit pas même
pour les troupes auxquelles on avoit été obligé de
diminuer la ration ; que le Roi n'étoit pas obligé de
fournir du pain au peuple et que c'étoit à lui de s'en
pourvoir ; que cependant il avoit fait tuer des bœufs
et des chevaux pour assister les pauvres dans ce temps
de disette ; que ceux qui en voudroient prendre, en
pourroient aller chercher à la boucherie du Roi, à six
sols la livre. Les femmes répondirent à M. de Vaudreuil qu'elles avoient de la répugnance à manger du
cheval ; qu'il étoit ami de l'homme ; que la religion
défendoit de les tuer et qu'elles aimeroient mieux
mourir que d'en manger. M. de Vaudreuil leur dit
que c'étoit une chimère et une imagination de leur
part ; que de tous les temps l'on en avoit mangé, qu'il
étoit bon et qu'il avoit ordonné qu'il fût tué avec soin
et de la même façon que le bœuf ; que c'étoit le seul
soulagement qu'il pût donner au peuple.

M. le marquis de Vaudreuil congédia ces femmes et leur dit que la première fois qu'il leur arriveroit de faire une émeute, il les feroit toutes mettre en prison et qu'il en feroit pendre la moitié; il ordonna à MM. de Martel, commissaire de la Marine, et de Monrepos, juge de police, de mener ces femmes à la boucherie pour leur faire voir que le cheval et le bœuf étoient de bonne espèce; elles en convinrent et dirent qu'elles n'en prendroient pas, ni personne, pas même les troupes. Après quoi elles se dissipèrent et se retirèrent chez elles en tenant des propos séditieux. MM. de Martel et de Monrepos auroient dû en faire arrêter quelques-unes, ce qu'ils ne firent pas.

M. le marquis de Vaudreuil dit à M. le chevalier de Lévis, le 4 décembre, qu'il venoit de recevoir une lettre de Monsieur l'Intendant qui lui marquoit la nécessité qu'il y avoit, que les troupes en garnison à Québec et à Montréal mangeassent du cheval. En conséquence, la ration fut réglée à une demi-livre de pain, demi-livre de bœuf, demi-livre de cheval, un quart de pois et une demi-livre de pain payée en argent.

Le 8

Il fut ordonné que l'on prendroit les vivres, le 9, sur le pied de ce dernier arrangement. En conséquence, M. le chevalier de Lévis ordonna au régiment de Béarn d'aller à la distribution à l'heure ordinaire.

Il dit à MM. Dalquier et de Malartie de s'y trouver avec les officiers qui étoient commandés ordinairement parce que le peuple, sous main, fomentoit les soldats à ne pas prendre du cheval. M. le chevalier de Lévis recommanda à M. de Malartie, s'il s'apercevoit que les soldats fissent la moindre difficulté à . en prendre, de l'envoyer avertir, et qu'il se rendroit lui-même au lieu de la distribution.

A huit heures et demie, M. de Malartie vint dire à M. le chevalier de Lévis que les soldats ne vouloient pas prendre du cheval, que la plus grande partie s'é-toit retirée de la distribution. M. le chevalier de Lévis s'y rendit sur le champ ; il gronda en arrivant MM. les officiers de ce qu'ils n'avoient pas contenu leurs soldats et de ce qu'ils les avoient laissés disperser. Ils s'excusèrent sur ce qu'il faisoit très froid et que les bouchers n'avoient pas encore préparé les viandes.

M. le chevalier de Lévis ordonna à M. de Malartie de faire rassembler les soldats pour se rendre au lieu de la distribution. Dès que toutes les compagnies furent assemblées, M. le chevalier de Lévis fit couper du cheval pour lui et le fit prendre par un de ses domestiques ; il ordonna en même temps aux grenadiers d'en prendre ; ils voulurent lui faire quelque représentation qu'il ne voulut point écouter, disant aux grenadiers d'obéir ; que le premier qui feroit difficulté d'en prendre, il le feroit arrêter et le feroit pendre ; que si on avoit quelque représentation à faire, il les écouteroit après que la distribution seroit faite et finie. Les grenadiers ne répliquèrent point, prirent du cheval, et les autres compagnies firent de même sans faire aucune difficulté.

Après que la distribution fut faite, M. le chevalier de Lévis dit aux grenadiers que, s'ils avoient quelques représentations à lui faire, il les écouteroit volontiers. Ils lui dirent qu'ils se plaignoient de ce qu'on les avoit obligés à prendre du cheval, que le peuple avoit rejeté et avoit refusé d'en prendre, qu'ils pensoient que la colonie n'étoit point réduite au point de faire manger du cheval aux troupes et au peuple ; qu'on pouvoit en juger par la grande quantité de bœufs que les habitants apportoient tous les jours au marché ; que, de plus, ils avoient une grande difficulté à vivre, attendu qu'ils étoient logés chez les habitants, et que l'on ne vouloit pas leur permettre de se rassembler pour faire ordinaire de sept en sept, et que la ration étant réduite au point où elle étoit, il n'étoit pas possible qu'un homme pût vivre en mangeant seul ; que le régiment de la Reine, qui étoit à Québec, avoit l'avantage d'être caserné et de pouvoir faire ordinaire, et qu'ils voyoient avec douleur que la réduction des vivres ne regardoit que les troupes ; que les habitants ne se réduisoient sur rien, pas même leurs nègres et leurs païns (ce qui veut dire esclaves sauvages) ; qu'ils n'ignoroient point que dans les cas forcés, les troupes étoient faites pour se soumettre à toutes les réductions et se contenter de tout ce qu'on pourroit pour vivre sur le pied de la plus petite ration ; mais que cela devoit être égal au moins avec les habitants.

M. le chevalier de Lévis répondit à leurs représentations que le cheval qu'il leur avoit fait donner étoit de bonne qualité ; que le peuple avoit la foiblesse et le préjugé de ne vouloir pas en manger ; que les soldats devoient penser différemment ; qu'ils n'ignoroient point que les troupes en avoient mangé à Prague et dans d'autres places assiégées et que l'on devoit se regarder en Canada dans le même cas, puisque le secours de vivres que le Roi avoit envoyé avoit été pris par les Anglois ; qu'il auroit attention qu'on leur délivrât du cheval de la bonne qualité, et qu'à cet effet il en faisoit porter et servir sur sa table et qu'il en mangeoit tous les jours ; qu'ils étoient mal informés de la situation et de l'état de la colonie ; qu'elle se trouvoit dans la plus grande disette ; qu'il y avoit longtemps que le peuple à Québec ne mangeoit point de pain ; qu'il y avoit deux mille Acadiens qui n'avoient pour toute nourriture que de la morue et du cheval ; que tous les officiers des garnisons de Québec et de Montréal étoient réduits à un quarteron de pain par jour ; que le gouvernement de Montréal étoit mieux fourni que les autres et que par conséquent les troupes qui y étoient avoient moins à souffrir que celles qui étoient à Québec.

A l'égard du bœuf qu'ils voient tous les jours apporter au marché, que c'étoit le temps où les habitants tuoient les bestiaux qu'ils n'étoient point en état de nourrir pendant l'hiver et que les glaces permettoient qu'on les conservât pendant une grande partie de l'hiver ; que les soldats avoient la même liberté d'en acheter au marché et d'en faire leurs provisions ; que, s'ils n'avoient point d'argent, il ordonneroit à M. de Malartie de leur en avancer sur leur décompte, ce qui leur faciliteroit les moyens de faire leurs provisions pour leur hiver tant en blé qu'en viande ; qu'à l'égard de l'inconvénient où ils étoient de ne pouvoir faire ordinaire plusieurs ensemble, qu'il feroit son possible pour leur procurer cet avantage ; qu'au surplus les troupes devoient être persuadées que les généraux étoient occupés de leur procurer le plus de bien-être qu'il seroit possible et à conserver la colonie au Roi ; que c'étoit aux troupes de terre à montrer l'exemple ; qu'il comptoit que désormais le régiment de Béarn ne feroit plus aucune représentation sur rien ; qu'ils devoient être persuadés qu'il tiendroit la main pour qu'il ne leur fût fait aucun tort, et qu'il leur rendroit tous les services qui pourroient dépendre de lui ; comme aussi il feroit punir très sévèrement tous ceux qui seroient mutins et qui ne se porteroient pas à tout ce qui seroit jugé nécessaire au bien du service ; que de plus il leur recommandoit de n'avoir aucune querelle avec les soldats de la colonie ni avec les habitants, et de faire leurs services avec la plus grande exactitude.

Les grenadiers et les soldats répondirent à M. de Lévis qu'ils étoient très satisfaits de ce qu'il leur avoit dit; qu'ils se conduiroient de façon qu'il n'auroit aucun reproche à leur faire ; qu'ils avoient toute confiance en lui et qu'il connoissoit leurs besoins.

Les troupes de la Marine prirent de même les vivres après-midi sans faire de difficulté ; il n'y a plus eu aucune représentation sur la réduction des vivres.

Janvier 1758

M. le chevalier de Lévis obtint de M. l'Intendant que l'on donneroit huit livres par mois par chambrée de sept hommes pour dédommager les habitants chez qui les soldats faisoient ordinaire.

Le jour des Rois 1758, huit grenadiers du régiment de Béarn apportèrent à M. le chevalier de Lévis un plat de cheval accommodé à leur façon, qui se trouva très bon. M. le chevalier de Lévis fit déjeuner ces grenadiers et leur fit donner du vin et deux plats de cheval accommodé par ses cuisiniers, qui ne se trouvèrent pas si bons que le leur. Il leur donna de plus quatre louis pour que la compagnie fit les Rois et bût à sa santé.

Dans le mois de janvier, M. d'Hébecourt écrivit à M. le chevalier de Lévis qu'il y avoit eu une espèce de sédition dans la garnison de Carillon, ce qui pouvoit devenir de grande conséquence à cause du mécontentement que cette garnison avoit déjà fait paroître dans le mois de novembre au sujet du manque d'équipements. Ces raisons firent prendre à M. le chevalier de Lévis le parti de proposer à M. le marquis de Vaudreuil d'envoyer huit sergents et huit caporaux, gens intelligents et sûrs, pour contenir cette garnison dans le devoir, et lui donner bon exemple. Ce détachement partit à la fin de février sous prétexte de servir d'escorte à M. Penissant, munitionnaire. Moyennant ce secours, la garnison de Carillon est restée dans l'obéissance et dans le devoir.

M. de Langy-Montégron partit, le 10 janvier, de Montréal pour se rendre à Carillon et y faire des découvertes pour être informé des mouvements des ennemis. Le 21 janvier, M. de Langy-Montégron, avec son détachement, fut auprès du fort Lydius, où il surprit une garde des ennemis qui escortoient des bûcheurs qui coupoient du bois de chauffage. Les bûcheurs furent mis en fuite et la garde pliée. M. de Montégron rentra à Carillon avec son détachement, où il continua de faire plusieurs détachements et harceler les ennemis. M. le marquis de Vaudreuil fit partir dans le mois de février un second détachement de cent sauvages et de quelques Canadiens aux ordres du sieur de la Durantaye pour se rendre de même à Carillon pour renforcer le détachement de M. Langy dont plusieurs sauvages étoient retournés à leurs villages.

Le lendemain de l'arrivée de ce détachement à Carillon, qui était le .... du mois de .... , des sauvages qui étoient à la chasse vinrent avertir qu'ils avoient vu des pistes sur le lac Saint-Sacrement d'un détachement anglois. Sur cette nouvelle, tous les sauvages et Canadiens qui se trouvèrent à Carillon au nombre de deux cent-cinquante, en partirent sur le champ aux ordres des sieurs de Langy et de la Durantaye et quatre cadets des troupes de la Marine. Il s'y joignit aussi quelques soldats des troupes de terre de bonne volonté avec le sieur Forcet, lieutenant de la Sarre, et le sieur Duresme, lieutenant de Languedoc.

Ce détachement passa par la Chute et marcha vers la Montagne Pelée pour tâcher de couper les ennemis par cette partie. Les sauvages découvreurs, qui faisoient l'avant-garde, rencontrèrent les ennemis dans le moment que cette avant-garde ne s'y attendait pas. Elle essuya leur premier feu. Il y eut trois sauvages de tués et les autres se replièrent avec précipitation sur notre détachement.

Les ennemis, au nombre de deux cents hommes choisis des compagnies franches aux ordres du major Roger, se mirent en bataille. Notre détachement s'avança avec précipitation et le combat s'engagea ; il fut fort vif de part et d'autre ; mais enfin notre détachement défit entièrement celui des Anglois qui fut mis en fuite. Il ne se sauva que dix-huit personnes dont le major Roger fut du nombre. Nous eûmes de notre côté douze sauvages tués et dix-huit de blessés. Notre détachement passa la nuit sur le champ de bataille. Le lendemain, l'on porta à Carillon les blessés et l'on y mena les prisonniers. Six jours après l'affaire, il se rendit à Carillon deux officiers de la

Vieille-Angleterre qui étoient venus par curiosité à ce parti ; ils ont été tout ce temps sans manger et ils arrivèrent mourant de faim.

FÉVRIER 1758

M. le marquis de Montcalm arriva de Québec à Montréal le 22 février. Le 26 du même mois, M. le marquis de Vaudreuil avoit reçu un courrier de Louisbourg qu'il fit repartir sur les glaces passant par la Rivière Saint-Jean. Ce courrier porta les dépêches à Louisbourg, d'où le gouverneur les fit partir pour France. Elles contenoient la situation où se trouvoit la colonie.

M. Wolf, officier partisan, et M. de Langy restèrent à Carillon et continuèrent d'harceler les ennemis par des détachements qui firent des prisonniers en plusieurs rencontres.

Les ennemis de leur côté ont fait aussi quelques détachements qui sont venus reconnoître Carillon. Au commencement du mois de mai, un de leurs partis qui s'étoit embusqué de l'autre côté de la rivière au Cap au Diamant attendit que nous envoyassions chercher des pièces de bois que l'on y avoit coupées. M. de Marolles, lieutenant au régiment de Béarn, fut commandé pour y aller avec quarante hommes qui s'embarquèrent dans trois bateaux qui partirent sans l'attendre. Un sergent de Guyenne, nommé L'Espérance qui en commandoit un dans lequel il y avoit douze hommes s'approcha le premier de l'endroit où les ennemis s'étoient embusqués d'où ils lui firent une décharge dont il eut six hommes de tués. Le sergent fut du nombre. Les six autres furent faits prisonniers. M. de Marolles qui était à peine arrivé au milieu de la rivière avec les deux autres bateaux n'osa pas s'avancer plus avant, craignant que les ennemis ne fussent en trop grand nombre de l'autre côté de la rivière.

La disette des vivres nous avoit empêchés de rassembler nos troupes pour entrer de bonne heure en campagne ; et, comme nous n'avions des vivres qu'au fort de Carillon et que l'on en manquoit entièrement à Québec, on fut obligé d'en faire partir le régiment de la Reine et les deux bataillons de Berry. Le bataillon de la Reine en partit le 15 de mai et arriva à Carillon le 3 juin. Les deux de Berry y arrivèrent quelques jours après aux ordres de M. de Bourlamaque qui fut commander sur cette frontière en attendant que l'armée s'y rassemblât aux ordres de M. le marquis de Montcalm. On attendait avec grande impatience des nouvelles de France qui arrivèrent enfin à Montréal le 22, à dix heures du matin, et à Québec le 19, par huit vaisseaux marchands et une frégate qui les escortait. Elle s'étoit emparée en route d'un bâtiment anglois qu'elle amena à Québec. Les nouvelles que nous apprîmes nous firent craindre avec raison, par les grands préparatifs que les ennemis faisoient et par les forces considérables qu'ils avoient rassemblées, qu'ils ne voulussent faire le siège de Louisbourg et pénétrer en même temps dans l'intérieur du Canada par les frontières de New-York. Ils nous menaçoient en même temps de s'emparer de la Belle-Rivière.

M. le marquis de Vaudreuil s'occupa à faire monter des vivres qui étoient arrivés et en faire passer aux postes qui en étoient entièrement dépourvus.

Les bataillons de Languedoc, la Sarre, Royal-Roussillon, Guyenne et Béarn se mirent en mouvement du 15 au 20 de juin pour se rendre à Carillon. Six cents soldats des troupes de la Marine, cent Canadiens et les sauvages devoient aussi s'y rendre de même que l'équipage d'artillerie. Ces troupes devoient y être rassemblées en entier le 6 de juillet. M. le marquis de Montcalm s'y rendit, le 30 juin, pour en prendre le commandement. Ses instructions étoient d'agir selon les circonstances des mouvements des ennemis et de faire en sorte de leur imposer par une démonstration audacieuse qui leur fit croire qu'il vouloit agir offensivement. M. le marquis de Vaudreuil avoit projeté de faire une diversion des forces ennemies en envoyant un détachement de 2500 hommes composé de 400 soldats des troupes de terre et 400 de la Marine, le reste Canadiens et sauvages. MM. de Rigaud, de Longueuil et de Sénezergues, lieutenant-colonel du bataillon de la Sarre, devoient marcher à ce détachement, dont le commandement avait été confié à M. le chevalier de

Lévis, pour marcher vers le lac Ontario et entrer dans la Rivière de Choagen, la remonter jusqu'à la hauteur des terres, de se porter à la Rivière de Moack sur le fort Covarès, et de faire en sorte de le prendre. Ce détachement devoit aussi pénétrer, le plus avant qu'il seroit possible, dans les habitations angloises qui sont sur cette rivière et dévaster le pays jusqu'aux portes de Corlac. Ce détachement avoit aussi pour objet de faire déclarer les Cinq Nations Iroquoises et de les engager à se joindre au corps de troupes pour exécuter l'invasion projetée sur la Rivière de Moack ou des Agniès.

Sur la fin du mois de juin, nous apprîmes que les ennemis avoient fait la descente à Louisbourg et qu'ils alloient faire le siège de cette place. Nous étions en peine de savoir si M. de Bois-Hébert, capitaine des troupes de la Marine, qui étoit parti de Québec le...... avec deux cents hommes pour se rendre à Miramichi où il devoit rassembler les sauvages de cette partie et ceux de la Rivière Saint-Jean, de même que les habitants, pour former un corps d'environ huit cents hommes qui devoient se rendre à l'Ile Royale, seroit arrivé avant la descente ou avant que l'ennemi eût investi la place.

MM. Wolf et de Langy, dans les partis qu'ils firent dans la fin du mois de juin, firent quelques prisonniers dont les dépositions ne nous laissèrent pas douter que les ennemis ne voulussent agir offensivement sur la frontière du lac Saint-Sacrement puisqu'elles nous apprirent que le général Abercromby avoit rassemblé une armée de vingt mille hommes et qu'il étoit en marche pour se rendre au lac Saint-Sacrement avec un train d'artillerie, des vivres et quinze cents berges ou bateaux.

M. Wolf fut envoyé dans les derniers jours du mois de juin avec un détachement de vingt hommes porter des lettres de M. le marquis de Vaudreuil au général Abercromby, au sujet de la capitulation du fort Georges et pour demander que les sieurs L'Esculaire et Martin eussent à revenir, attendu que la permission qu'il leur avoit donnée pour aller vaquer à leurs affaires étoit expirée du 1ᵉʳ de mai.

M. Wolf fut retenu avec son détachement par le général Abercromby, ce qui nous donna encore lieu de croire que les ennemis faisoient quelques mouvements pour marcher sur nous, joint à ce que M. de Langy avoit fait des prisonniers sur le lac Saint-Sacrement sur les ruines du fort Georges, qui assurèrent que le général Abercromby avoit tout disposé pour venir nous attaquer incessamment, étant occupé sur les ruines du fort Georges.

JUILLET

M. le marquis de Montcalm étoit arrivé à Carillon le 30 de juin. Il crut en imposer aux ennemis en faisant occuper la décharge du lac Saint-Sacrement et la Chute. Il donna ordre au sieur de Bourlamaque d'occuper la décharge du lac Saint-Sacrement avec les bataillons de la Reine, Guyenne et Béarn. Il se campa à la rive droite de la Chute avec le bataillon

de la Sarre et le premier de Berry. Il fit occuper la
rive gauche par le bataillon de Royal-Roussillon et
de Languedoc. Le second de Berry étoit resté à
Carillon avec ce qu'il y avoit des troupes de la Marine
et de Canadiens.

M. le marquis de Montcalm avoit donné ordre à
M. de Pontleroy, ingénieur, de reconnoître la position
d'un camp retranché sur les hauteurs de Carillon et
de le tracer, et ordonna à M. de Trécesson, commandant du second bataillon de Berry, d'y faire travailler avec toute la diligence possible.

Le 5

Au soir, on eut avis par M. de Langy qui étoit allé
à la découverte, que l'armée des ennemis étoit en
marche. M. de Bourlamaque fit partir, à cinq heures
du soir, un détachement de trois cents hommes, dont
cent cinquante troupes de terre, et le reste miliciens
ou soldats de la colonie, le tout aux ordres du sieur
Trépezet, capitaine au régiment de Béarn, avec ordre
d'aller à la Montagne Pelée, pour observer les mouvements des ennemis et les empêcher de débarquer
dans les environs, s'il étoit possible. A la pointe du
jour, le 6, ils parurent à la portée de nos camps avancés, faisant une démonstration de vouloir faire la
descente, au nord et au sud, et ils la firent à neuf
heures du matin, à l'ancien camp de M. de Contrecœur. M. de Bourlamaque fit sa retraite de la

décharge du lac Saint-Sacrement sans être suivi des ennemis et se replia sur M. de Montcalm, qui fit passer la Rivière de la Chute à toute l'armée et en fit rompre le pont, et fut se mettre en bataille sur la hauteur de la Chute, où étoient déjà les bataillons de Royal-Roussillon et de Languedoc et resta dans cette position jusqu'à cinq heures du soir.

Le sieur de Trépezet avoit envoyé le matin demander des ordres à M. de Bourlamaque ; mais son envoyé ayant été pris et voyant que l'armée ennemie avançoit, il prit le parti de se retirer. Il ne put retourner au camp dont il étoit parti, ayant trouvé les ennemis entre deux, et voulut aller gagner la Chute, mais il s'égara dans le bois. Il n'avoit pour guide que deux ou trois sauvages qui l'avoient abandonné le matin.

Le détachement arriva par hasard sur la Rivière de la Chute qu'il tenta de passer ; mais ayant trouvé le passage trop difficile, il rétrogradoit, lorsqu'il fut surpris et attaqué. Le général Howe ayant poussé une avant-garde en avant suivoit avec une colonne cette rive pour aller jeter un pont sur la Rivière de Bernets. L'avant-garde, ayant su que notre détachement étoit derrière, rétrograda. Il se trouva par là entre l'avant-garde et la colonne, et ayant été surpris en mauvais ordre au bord de la rivière et attaqué de tout côté, notre détachement fut bientôt dispersé malgré la bonne contenance qu'il fit au commencement ; une partie se sauva et vint nous joindre, le reste fut pris.

Le commandant nous joignit ; mais il mourut de sa blessure le même jour.

On resta un certain temps à la Chute pour recevoir les débris de ce détachement qui, ayant passé la rivière, vint nous joindre, faisant en tout environ cent hommes et cinq officiers, compris quelques-uns qui joignirent le lendemain.

M. le marquis de Montcalm, ayant appris que les ennemis travailloient à jeter un pont sur la Rivière de Bernets, replia son armée sous Carillon, la position qu'il occupoit n'étant pas favorable pour y attendre un ennemi supérieur.

Les ennemis ayant perdu dans ladite action mylord Howe, officier général de distinction, restèrent au-delà de la Rivière de Bernets.

Le 7

Au point du jour, on désigna à chaque bataillon, l'endroit qu'il devoit retrancher et défendre. On battit la générale au point du jour et l'on se porta sur le terrain, que le sieur de Pontleroy avoit tracé et reconnu, en ordre de bataille ; on envoya des volontaires et des grand'gardes et grenadiers en avant pour couvrir les travailleurs et chacun travailla aux retranchements. Les officiers encourageoient les soldats par leurs exemples, travailloient eux-mêmes, de sorte que le soir même on fut en état de recevoir l'ennemi.

LE MÊME JOUR

Les ennemis passèrent la Chute avec un gros corps et portèrent des camps avancés jusqu'à trois quarts de lieue de nous.

M. le marquis de Vaudreuil reçut, le 28 juin, des nouvelles de M. de Montcalm qui, en lui envoyant les dépositions des ennemis, lui faisoit part de sa situation et de ses dispositions.

LE 29

En conséquence, il prit le parti d'envoyer toutes les forces de la colonie au secours de cette partie et ordonna à M. le chevalier de Lévis de faire rétrograder son détachement et de se mettre en mouvement pour Carillon avec les troupes de terre seulement, consistant en quatre cents hommes, y en ayant partie qui étoit déjà rendus à la Chine. Il ne put en faire partir que la moitié de Montréal, le 1er juillet. Ceux qui étoient à la Chine partirent le 2, et comme ils furent obligés de faire le tour de la Rivière de Richelieu, ils ne purent arriver que la nuit du 7 au 8 à Carillon. M. le chevalier de Lévis fut sur le champ sur les hauteurs pour conférer avec M. de Montcalm et l'on eut dans l'armée beaucoup de satisfaction de le voir arriver avec son détachement, auquel on donna un poste particulier dans la ligne.

Après que M. le marquis de Montcalm eût fait part

de ses dispositions à M. le chevalier de Lévis, il fut convenu que la brigade de la Reine, composée de Guyenne et Béarn auroit la droite et plus loin dans la pleine les milices et troupes de la Marine qui appuyoient à la Rivière qui va à Saint-Frédéric aux ordres de M. le chevalier de Lévis; que M. de Bourlamaque commanderoit la gauche avec la brigade de la Sarre et Languedoc qui appuyoit à la Rivière de la Chute, et que M. le marquis de Montcalm commanderoit le centre avec Royal-Roussillon, le détachement susdit de quatre cents hommes et le deuxième bataillon de Berry, le troisième étant resté dans le fort.

Le 8

Au matin, nous continuâmes à perfectionner nos abattis; les ennemis vinrent nous reconnoître de dessus une montagne qui étoit du côté opposé de là rivière et ne nous ayant pas jugé retranchés favorablement, ils résolurent de nous attaquer. En conséquence, ils mirent en mouvement leur armée sur trois colonnes, et les volontaires et troupes légères dans l'intervalle.

A midi et demi, nos gardes avancées ayant été repoussées, tout le monde fut à son poste; l'attaque commença dans l'instant par un feu des plus vifs dans toutes les parties, fait par les troupes légères et autres qu'ils avoient destinées à cet effet, qui s'étoient placées derrière les arbres à la sortie du désert.

Ce feu nous cacha le premier mouvement de leurs colonnes, dont je ne crois pas qu'elles eussent de points désignés pour leur attaque, mais seulement la droite, la gauche et le centre. Celle de la gauche commença à apparoître vers la plaine, et ayant aperçu qu'il falloit prêter le flanc à la droite des hauteurs pour aller vers cette partie, se replia vers celle du centre qui parut vis-à-vis la droite des retranchements de la hauteur. M. le chevalier de Lévis, qui commandoit dans ces deux parties, ayant aperçu ce mouvement et voyant que les ennemis alloient faire un effort considérable dans cette partie, fit appuyer Béarn à Guyenne et doubler la Reine qui occupoit la branche qui alloit communiquer par la crête des hauteurs à la ligne de la plaine, sur le régiment de Béarn, et ordonna à la colonne qui occupoit la plaine de faire une sortie par les bois pour donner de l'inquiétude à l'ennemi par ses derrières, ce qu'il fit répéter plusieurs fois pendant tout le temps que l'ennemi attaqua la droite des hauteurs.

A la gauche, une colonne se présenta pour attaquer ; mais, dans cette partie ainsi qu'à celle de la droite, notre feu fut si vif que la colonne ennemie ne put paroître à la sortie du désert que par pelotons qui s'approchèrent par différentes fois jusqu'à vingt pas des retranchements, mais qui, accablés par notre feu, furent toujours dispersés ou détruits. Vers les cinq heures du soir, ils se retirèrent, laissèrent les troupes légères pour continuer à fusiller afin de couvrir et cacher leur retraite; et ces mêmes troupes légères se retirèrent aussi à sept heures et demie. Elles emportèrent le plus de blessés qu'il leur fut possible, et furent au portage, dont, après avoir déblayé dans la nuit leur artillerie, munitions et blessés, ils s'embarquèrent au point du jour pour retourner à leur camp du fort Georges.

De notre côté, étant trop foibles pour aller à la poursuite de l'ennemi et croyant qu'il nous rattaqueroit au point du jour, nous passâmes la nuit au bord des abattis, les soldats nettoyèrent leurs armes.

Le 9

Au point du jour, on battit la générale, ce qui fit hâter le départ des ennemis qui crurent que nous allions marcher en avant, sachant que nous attendions à chaque instant un renfort considérable; nous bordâmes nos retranchements.

Le sieur de la Roche Beaucourt fut envoyé porter le soir la nouvelle de ce combat à M. le marquis de Vaudreuil.

M. de Bourlamaque fut blessé dangereusement. Nous perdîmes neuf capitaines, cinq lieutenants, quatre-vingt-douze soldats et nous eûmes de blessés dix capitaines, six lieutenants, et deux de la Marine, et deux-cent-quarante-huit soldats.

Dès qu'il fut jour, l'on fit sortir les volontaires qui furent jusqu'à moitié chemin de la Chute où ils trou-

vèrent un retranchement fait *par les ennemis abandonné. On retira les blessés qu'ils avoient laissés sur
le champ de bataille. On travailla pendant ce jour à
perfectionner les retranchements. On n'avoit point de
sauvages pour envoyer en avant à la découverte.

Le 10

Au point du jour, il fut commandé les compagnies
de grenadiers, les volontaires et cent Canadiens pour
marcher aux ordres de M. le chevalier de Lévis pour
aller aux nouvelles de l'armée ennemie. Il fit apporter des blessés qu'il trouva sur son chemin et se porta
par différents endroits au bord du lac Saint-Sacrement, où il trouva les débris de la retraite précipitée
des ennemis. Il fit pêcher nombre de quarts de farine
qu'ils avoient jetés à l'eau et les fit conduire au camp,
ainsi que tout ce qui pût être utile. Il envoya des
détachements jusqu'à trois lieues en avant.

M. Wolf qui avoit été retenu fut renvoyé le même
jour par le général Abercromby, avec son détachement.

Le 11

On fit enterrer les morts des ennemis, qu'on trouva
monter à environ huit cents. Leur perte tués ou blessés peut être évaluée à environ quatre mille hommes.

Les troupes changèrent de camp ce même jour. On

les porta sur une ligne entre le fort et les retranche-ments.

Cette action a été très vive. Nos dispositions étoient aussi bonnes que la situation du terrain, l'étendue et le nombre des troupes pouvoient le permettre. Les grenadiers et les piquets étoient en réserve derrière chaque corps, prêts à protéger les parties attaquées et dont on se servoit très utilement pour renforcer celles où l'ennemi fit ses plus grands efforts.

M. le marquis de Montcalm qui étoit au centre fit passer à propos dans les parties attaquées les secours nécessaires.

M. le chevalier de Lévis, dans sa partie qui fut la plus vivement attaquée, n'a cessé d'observer avec attention pendant toute l'action les mouvements des ennemis et a eu plusieurs coups de fusil dans ses habits et dans son chapeau.

Par les dispositions qu'il fit en conséquence, il les obligea, par le feu qu'il leur opposa dans les parties où ils se présentèrent, à se retirer avec la plus grande perte.

M. de Bourlamaque en agit de même à la gauche où il fut blessé dangereusement.

On doit les plus grands éloges aux commandants des corps, aux officiers majors et particuliers, de même qu'aux soldats, ayant tous agi et combattu avec ardeur et un zèle qui donnoit tout lieu d'espérer que le succès de cette journée nous seroit heureux.

MM. de Montreuil et de Bougainville y ont parfaitement rempli les devoirs de leurs charges ; le dernier y a été blessé. Le sieur Désandroins, ingénieur, s'est porté dans tous les endroits de la ligne qui ont été attaqués pour voir s'il n'y étoit pas utile.

M. de Trécesson, qui étoit resté au fort avec le troisième bataillon de Berry, a servi utilement en procurant à la ligne les munitions et autres choses nécessaires pour une défense aussi longue, de même que M. Lemercier, commandant l'artillerie.

Pendant l'action, les ennemis ayant voulu paroître sur la rivière avec quelques berges, le canon du fort en coula une bas et les autres disparurent.

Il nous arriva successivement environ trois cents soldats de la Marine ou miliciens qui se hâtèrent de joindre pour y avoir part ; ceux qui avoient été postés dans la ligne de la plaine s'y comportèrent avec beaucoup de zèle et de courage.

LE 12

M. le marquis de Langy-Laurent arriva avec environ trente sauvages de différentes nations. Il y apporta la dépêche de M. de Rigaud à M. de Montcalm pour lui demander ses ordres sur les mouvements qu'il devoit faire pour nous joindre avec un corps d'environ trois mille Canadiens ou soldats de la colonie et sauvages, croyant l'armée investie.

M. de Rigaud arriva le 13 avec la première division ; le reste joignit dans les trois jours suivants.

M. de Courtemanche fut détaché le 17 avec deux cents sauvages et deux cents soldats de la colonie ou Canadiens pour se porter sur le chemin de Lydius en passant par le fond de la baie pour être à même de connoître les mouvements des ennemis sur leurs derrières et les harceler sur ce passage.

Il attaqua une escorte entre Lydius et le lac Georges dont il en prit ou tua trente et dispersa le reste; nous y eûmes deux sauvages et deux Canadiens de blessés; on y prit un sauvage des Cinq Nations parmi les prisonniers; ils nous apprirent que leur armée étoit au bout du lac Georges où elle se retranchoit. Le général Abercromby, qui y étoit resté, avoit détaché un corps considérable de milice aux ordres du général Bradstreet, et environ quatre cents sauvages avec Johnson et 12 pièces de canon, ajoutant que ce détachement avoit pris la route d'Orange, d'où il devoit remonter la Rivière de Corlac et de Moack pour aller se retrancher vers Germainflex à la hauteur des terres, ou plus vraisemblablement aller au fort de la Butte et de là pénétrer par la Rivière de Choagen dans le lac Ontario.

Les prisonniers et les dépositions furent envoyés à M. le marquis de Vaudreuil auquel M. le marquis de Montcalm fit part de ses réflexions, et de celles de M. le chevalier de Lévis au sujet de leur crainte sur ladite partie.

M. le marquis de Montcalm fit former deux bataillons des troupes de la Marine de mille hommes cha-

cun, tant soldats que Canadiens ; il en confia le commandement à M. de Rigaud, gouverneur de Montréal,
et le fit camper avec le premier, que commandoit
M. de la Valterie, à la Chute. Il détacha le second,
que commandoit M. de la Corne, pour aller camper à
la tête du lac Saint-Sacrement avec ordre d'avoir des
découvertes sur ce lac pour avoir des nouvelles des
ennemis. M. de Rigaud eut ordre dans ses instructions
d'envoyer des découvertes par terre et devoit aussi
faire de fréquentes patrouilles jusqu'aux Arbres
Matachés pour n'être pas surpris dans son camp de
la Chute.

Les milices de Montréal restèrent à Carillon pour
fournir aux différents partis, avec les sauvages que
M. de Montcalm projetoit d'envoyer à la découverte
sur le chemin du fort Lydius pour faire en sorte d'intercepter les convois des ennemis.

M. le marquis de Montcalm forma un second détachement d'environ cinq cents hommes tant sauvages
que soldats de la Marine ou Canadiens avec plusieurs
officiers et cadets dont il confia le commandement au
sieur de Saint-Luc, capitaine des troupes de la Marine.
Ce détachement partit le 25 de Carillon et prit la
même route que celui de M. de Courtemanche pour
remplir les mêmes objets. M. de Saint-Luc, s'étant
rendu sur le chemin du fort Lydius au lac Georges,
attaqua, le 28, un convoi des ennemis qu'il défit ; il
consistoit en 12 charriots chargés de vivres, boissons
et marchandises qui étoient escortés par cent hommes

qui furent pris ou tués ; la charge des charriots fut dispersée et pillée par notre détachement ; les prisonniers, parmi lesquels il y avoit un officier, confirmèrent ce qu'avoient dit ceux qui avoient été pris par le détachement de M. de Courtemanche.

Nous avons perdu dans cette affaire deux sauvages et trois soldats tués et un Canadien blessé. Après que ce détachement fût rentré, M. le marquis de Montcalm en forma un troisième d'environ quatre cents hommes Canadiens, sauvages et soldats des troupes de la Marine dont il donna le commandement à M. Marin, lieutenant des troupes de la colonie. Ce détachement avoit ordre de se porter de même sur le chemin de Lydius ; et, pour n'être pas découvert, M. Marin laissa ses bateaux en deçà des Deux Rochers, et il prit sa marche par la côte du nord pour se rendre à l'ancien fort de La Reine Anne, situé à la Rivière au Chicot, d'où il projetoit de continuer sa marche pour se rendre par terre sur le chemin du fort Lydius. Il n'étoit plus qu'à une demi-lieue du fort La Reine, après trois jours de marche, lorsqu'il entendit, à la pointe du jour, tirer quelques coups de fusil derrière lui ; il se douta bien que c'étoient les ennemis. Il fit sur le champ embusquer son détachement longeant le vieux chemin du fort La Reine au fort Lydius. A peine étoient-ils embusqués que les ennemis parurent, marchant assez en désordre et ne se doutant pas que nos gens étoient si près d'eux ; la tête du détachement des ennemis étant arrivée vers le centre du nôtre, nos troupes firent trop précipitamment feu sur eux, ce qui fut cause que la tête du détachement des ennemis se replia sur son centre et la queue marcha en avant pour la secourir. Ce détachement se trouva beaucoup plus fort que M. Marin ne le comptoit, car il étoit composé de sept cents hommes aux ordres du major Roger. Le combat s'engagea et devint très vif de part et d'autre. M. Marin fut obligé de céder au grand nombre et de se retirer après une heure de combat, après avoir fait retirer ses blessés. Nous perdîmes dans cette action trois sauvages tués et six blessés, et une vingtaine de soldats et Canadiens. Les ennemis eurent une cinquantaine d'hommes tués ou blessés. Nous fîmes six prisonniers parmi lesquels étoit le commandant en second du détachement, qui étoit le major de milice du Connecticut, qui nous confirma tout ce que nous avoient dit les prisonniers ci-devant. Le détachement des ennemis étoit partis du lac Georges sur la nouvelle que le général Abercomby avoit eue par un de nos déserteurs du départ de notre détachement. Le major Roger étoit resté deux jours au fond de la baie embusqué pour l'attendre. Ne le voyant point arriver, il pensa que la nouvelle étoit fausse. Il en partit pour se rendre au fort Lydius. Il avoit couché, le jour qu'il fut attaqué, auprès de l'ancien fort La Reine, où il se croyoit fort loin des François, puisqu'il permit à ses soldats de tirer au blanc ; c'étoit les coups de fusil que M. Marin avoit entendus le matin et qui lui donnèrent lieu de s'embusquer.

10

M. Marin rentra le 9 avec son détachement au camp de Carillon. Depuis ce temps, nous n'avons eu que des petits détachements d'une vingtaine d'hommes qui se sont portés vers le fort Lydius et vers le camp des ennemis au lac Saint-Sacrement, où ils ont fait quelques prisonniers et des chevelures. Il est aussi arrivé quelques déserteurs qui nous ont confirmé que le colonel Bradstreet continuoit sa marche vers le lac Ontario et que son projet étoit d'attaquer quelques-uns de nos postes. Ils nous dirent aussi que le bruit étoit général dans leur armée que Louisbourg avoit capitulé le 27 juillet. On fit part de ces nouvelles à M. de Vaudreuil.

M. Wolf et M. de Bougainville, aide-maréchal-des-logis de notre armée, avoient été envoyés une fois chacun au général Abercromby, pour y porter des dépêches de M. le marquis de Vaudreuil au sujet de l'échange des prisonniers que le général Abercromby avoit proposé, qui n'eut pas lieu à cause que ce général ne vouloit échanger que les officiers et non les soldats. M. de Vaudreuil demandoit que les uns et les uns et les autres le fussent au prorata des prisonniers que les ennemis pouvoient avoir à nous tant officiers que soldats.

PRISE DE LOUISBOURG PAR LES ANGLOIS

La cour d'Angleterre, malgré les projets d'offensive sur le Canada, n'avoit pas perdu de vue Louisbourg, connoissant de quelle conséquence leur étoit ce poste pour la prise de ce pays. Ses forces et escadre devoient s'assembler à Halifax. Notre cour, qui n'ignoroit point ces préparatifs crut qu'en envoyant un renfort en troupes et cinq à six vaisseaux de guerre on seroit en état de faire échouer l'entreprise de nos ennemis ; qu'à l'égard du Canada, on se tireroit d'affaire avec des vivres, croyant d'ailleurs que si les Anglois attaquoient Louisbourg, ils attaqueroient faiblement cette colonie. Quatre vaisseaux et une frégate aux ordres de M. Boissier, portant un bataillon de volontaires royaux furent envoyés en escadre et suivis par un vaisseau et trois frégates aux ordres de M. de Gouttes, qui portoit le régiment de Cambis. Le Sr de la Houlière fut envoyé pour prendre le commandement du corps des troupes avec des instructions secrètes. On se prépara à défendre l'entrée du port et les débarquements. On avoit fait des batteries à l'Anse de Gabarrus et à l'Anse aux Sables avec des retranchements.

Le 8 juin, les ennemis se présentèrent avec environ soixante-dix berges vis-à-vis celle de Gabarrus. Le feu de notre artillerie les fit dériver vers la pointe qui sépare les deux anses, où il y a des rochers très escarpés ; et, comme on ne croyoit pas possible que l'ennemi pût y débarquer, on n'y avoit mis personne : quelques berges s'en étant approchées, il y grimpa quelques soldats qui furent suivis par le reste qu'ils appelèrent. On ne s'en aperçut que lorsqu'il fut trop tard pour y porter remède. On se replia de partout, étant poursuivi vivement par l'ennemi, qui, par le temps qu'il mit pour se rendre maître de cette place, prouva plus son peu d'expérience au genre de la guerre que la bonté du poste. On capitula le 26 juillet aux conditions suivantes : 1° la garnison prisonnière de guerre et portée en Angleterre sur les vaisseaux de Sa Majesté Britannique ; 2° toute l'artillerie, munitions de guerre et de bouche seront remis ; 3° le gouverneur donnera ordre que les troupes qui seront dans l'île Saint-Jean et dépendance se rendront à bord des vaisseaux anglois que l'amiral enverra pour les recevoir ; 4° les négociants et commis qui n'ont point porté les armes seront envoyés en France.

Quant à la partie de Carillon, on travailla sans relâche à perfectionner le retranchement, comptant que l'ennemi feroit une nouvelle tentative avant la fin de la campagne, ayant une armée assez considérable pour entreprendre, et qui s'étoit retranchée au lac Saint-Sacrement.

Septembre

Le 6 de septembre, M. de Montcalm reçut un courrier de M. de Vaudreuil pour lui apprendre que les ennemis, aux ordres du colonel Bradstreet, avoient pénétré par la Rivière des Agniès et de Choagen dans le lac Ontario, et qu'après trois jours de siège ils avoient pris le fort de Frontenac, nos barques et nos magasins, et avoient fait la garnison prisonnière de guerre ; et qu'aussitôt qu'il avoit appris que les Anglois avoient fait la descente à Frontenac, il avoit fait partir M. Duplessis, major de Montréal, avec trois mille Canadiens et tous les sauvages qu'il avoit pu rassembler pour aller au secours de ce fort ; que M. Duplessis arrivé à la Présentation avoit appris qu'il avoit capitulé. M. de Vaudreuil lui ajoutoit qu'il avoit donné ordre à M. Duplessis d'envoyer en toute diligence et à tout événement M. de Montigny, capitaine des troupes de la Marine, avec six cents hommes pour renforcer la garnison de Niagara. M. le marquis de Vaudreuil marquoit de plus par ses dépêches qu'il étoit dans la plus grande inquiétude sur le sort de cette partie, et qu'il craignoit que les ennemis n'y eussent marché après la prise du fort de Frontenac. M. de Vaudreuil marquoit aussi que Louisbourg avoit capitulé le 27 juillet ; que tous ces malheurs arrivés dans le même temps mettoient cette colonie dans la plus grande détresse, et qu'il prioit M. le marquis de Montcalm de se rendre le plus tôt qu'il seroit possible à Montréal pour conférer avec lui sur les nouveaux arrangements à prendre dans les circonstances présentes.

M. le marquis de Montcalm partit de Carillon dans nuit du 7 au 8 pour Montréal. M. le chevalier de Lévis resta chargé du commandement de l'armée et continua à faire travailler avec la même activité à perfectionner les retranchements.

Quelques jours avant le départ de M. de Montcalm, le bataillon du chevalier de la Corne avoit été replié à la Chûte, et il n'y avoit que deux cents hommes qui montoient la garde au lac Saint-Sacrement.

Le 10, au soir, M. de Rigaud, qui commandoit au camp de la Chûte, informa M. le chevalier de Lévis, que le capitaine qui commandoit les deux cents hommes au lac Saint-Sacrement avertissoit qu'il paroissoit plusieurs berges des ennemis ; que son poste avancé en avoit compté plus de cinquante et, dans un plus grand éloignement, on en apercevoit encore une très grande quantité ; que dans ce moment où il écrivoit, qui étoit à l'entrée de la nuit, il y avoit une quinzaine de berges à l'Ile au Mouton, ce qui l'avoit obligé de retirer le poste qu'il avoit dans cette île, qui étoit sa garde la plus avancée.

M. le chevalier de Lévis manda à M. de Rigaud d'ordonner au capitaine du poste du lac Saint-Sacrement de se tenir bien sur ses gardes, et que, si les ennemis mettoient du monde à terre, il n'avoit qu'à se replier avec son détachement au cap de la Chute ; de faire passer, la nuit, au bivouac à son camp, des troupes de la Marine et de le faire détendre, et de tout disposer afin que tous les équipages fussent embarqués au premier ordre pour se replier sur Carillon.

M. le chevalier de Lévis manda aussi à M. de Rigaud que les compagnies de grenadiers, les volontaires et les piquets des troupes de terre se rendroient à la pointe du jour sur les hauteurs de la Chute pour favoriser sa retraite avec les troupes de la Marine, dans le cas qu'il fût obligé de se replier.

A la pointe du jour, le capitaine qui commandoit au lac Saint-Sacrement, donna avis que les ennemis s'étoient retirés. Les volontaires des troupes de terre avec ceux du camp de la Chute et une cinquantaine de sauvages furent à la découverte jusqu'aux Arbres Martachés et ne trouvèrent aucun vestige qui indiquât que les ennemis eussent débarqué.

M. de Bourlamaque partit, le 11, de Carillon pour se rendre à Québec s'y rétablir de sa grande blessure.

MM. de Bailleal, de Saint-Romme et Herbin fils, qui avoient été à la découverte avec une vingtaine de sauvages ou Canadiens arrivèrent le 12 et rapportèrent qu'ils avoient été jusque sur les hauteurs qui dominent le camp des ennemis, d'où on le pouvoit bien distinguer; qu'ils l'avoient trouvé dans la même position, et qu'il ne paroissoit pas que les ennemis eussent fait aucun mouvement; que M. Herbin s'étoit encore approché plus près avec quatre sauvages pour tâcher de faire un prisonnier; qu'il n'avoit pas pu réussir; qu'ils avoient tué deux hommes et qu'ils n'avoient pu lever de chevelure qu'à un, étant trop près des gardes des ennemis.

M. le chevalier de Lévis forma un détachement de trois cents hommes, soldats de la Marine, Canadiens et sauvages, aux ordres de M. de Repentigny, capitaine des troupes de la Marine, pour aller s'embusquer vers le milieu du lac Saint-Sacrement, dans une anse pour faire en sorte d'enlever les berges que les ennemis avoient à la découverte.

M. de Repentigny resta cinq jours embusqué sans qu'elles parussent, et, manquant de vivres, il fut obligé de rentrer avec son détachement.

Il nous arriva un déserteur qui nous rapporta que les ennemis étoient toujours dans la même position ; qu'ils attendoient le renfort de Louisbourg ; qu'ils avoient construit une barque percée de dix-huit pièces de canon et qu'ils travailloient à construire deux galères ; que la veille qu'il étoit déserté, il étoit arrivé deux pièces de canon de 24 livres de balles ; qu'il leur arrivoit une fois toutes les semaines un convoi de vivres et que l'on construisoit un grand hangar pour les mettre à couvert.

Après que les retranchements furent perfectionnés, M. le chevalier de Lévis fit travailler avec la même diligence à faire une seconde ligne de retranchements, depuis le fort jusqu'à la rivière, pour assurer la retraite de la première dans le cas que l'on y fût forcé, pour pouvoir s'embarquer avec sûreté.

M. le marquis de Montcalm arriva la nuit du 16 au 17 ; il fit part à M. le chevalier de Lévis des dispositions qu'ils avoient projetées avec M. le marquis de Vaudreuil ; que, lorsqu'il étoit parti de Montréal, on ignoroit encore le sort de Niagara et même les mouvements des ennemis ; que M. le marquis de Vaudreuil comptoit de rétablir le fort de Frontenac ; de rattaquer

Niagara, s'il étoit pris, et même Choagen si les ennemis le rétablissoient ; qu'il attendoit avec impatience
des nouvelles des mouvements des ennemis pour se
décider et pour faire descendre M. le chevalier de
Lévis à Montréal pour y venir prendre des instructions et se charger de l'exécution de ses projets dans
la partie du lac Ontario.

Le 26 septembre

M. le marquis de Montcalm reçut un courrier de M.
le marquis de Vaudreuil pour lui apprendre que les
ennemis s'étoient retirés de Choagen ; qu'ils avoient
brûlé nos barques et quelques-unes de leurs berges ;
mais qu'on ignoroit encore la route qu'ils avoient
prise et qu'il lui restoit quelques inquiétudes sur
Niagara.

Il nous arriva, le 25, un déserteur des ennemis, de
l'armée du lac Saint-Sacrement, qui dit que le bruit
étoit général dans leur armée que le secours des six
mille de Louisbourg étoit arrivé à Orange et qu'il
devoit incessamment arriver au lac Saint-Sacrement,
et qu'aussitôt qu'il seroit arrivé, on devoit nous attaquer ; il dit aussi qu'il venoit beaucoup de vivres et
que, la veille qu'il étoit parti, il étoit arrivé au fort
Lydius deux pièces de canon de 24 ; que l'on avoit
fini de construire deux galères de douze rames sur
chaque bord et que l'on travailloit à en construire
deux autres.

M. le marquis de Montcalm envoya ce déserteur et sa déposition à M. de Vaudreuil.

LE 29 SEPTEMBRE

M. le marquis de Montcalm a fait replier le camp de la Chute pour venir camper en ligne à Carillon ne laissant qu'un détachement de deux cents hommes, pour passer la journée sur les hauteurs de la Chute, et une compagnie des volontaires et quelques sauvages pour aller à la découverte au lac Saint-Sacrement avec ordre de se replier à l'entrée de la nuit avec le détachement de la Chute dans les retranchements.

LE 2 OCTOBRE

Le général Abercromby envoya un officier dans une berge avec vingt soldats porter des lettres pour M. de Vaudreuil ; il écrivit en même temps à M. de Montcalm pour le prier de les lui faire passer. Ces dépêches étoient une sommation à M. de Vaudreuil de faire exécuter la capitulation de Frontenac. L'officier anglois fut arrêté au lac Saint-Sacrement par notre compagnie de volontaires et y passa la nuit, et, le lendemain matin, M. de Montcalm envoya cet officier avec sa réponse.

LE 4

M. de Montcalm reçut un courrier de M. de Vaudreuil pour lui apprendre que les ennemis n'avoient point été à Niagara ; que le colonel Bradstreet s'étoit retiré vers les hauteurs des terres de la Rivière de Choagen ; qu'il ignoroit s'il ne rétabliroit point à ce portage les forts Bull et William ; que M. Duplessis, qui étoit resté à la Présentation, avoit envoyé trois cents sauvages pour être informé positivement des mouvements des ennemis ; qu'il envoyoit M. de Pontleroy, ingénieur, à Frontenac, pour rétablir le fort dans la même position ou dans une meilleure ; qu'il étoit obligé d'avoir trois mille Canadiens occupés à faire passer des vivres à Niagara pour les pays d'Enhaut ; qu'il avoit reçu des nouvelles de M. de Ligneris, commandant à la Belle-Rivière, du 29 août, qui lui mandoit que les ennemis étoient toujours dans la même position au fort de Cumberland ; qu'il paroissoit encore incertain s'ils ne viendroient point l'attaquer. M. de Vaudreuil ajoutait que les forces de M. de Ligneris étoient assez considérables pour ne pas craindre l'ennemi dans cette partie et que M. de Bellaître marchoit encore à son secours avec les habitants du Détroit et les sauvages. M. de Vaudreuil paroissoit seulement fort inquiet pour pourvoir à la subsistance de cette partie.

M. de Vaudreuil a mandé à M. le marquis de Montcalm qu'il ne lui restoit plus d'inquiétude pour la frontière du lac Ontario et que, sur la déposition du déserteur qu'il lui a envoyé, il ne doutoit pas que les ennemis ne fissent encore une tentative pour venir nous attaquer à Carillon, et qu'il se disposoit à lui faire passer le plus promptement qu'il sera possible les meilleurs hommes qu'il pourra tirer des gouvernements de Montréal et des Trois-Rivières et qu'il mande à M. Duplessis qu'aussitôt que son détachement sera rentré qu'il le fasse descendre à la Chine avec la plus grande diligence, d'où il le fera passer par Saint-Jean pour se rendre à Carillon. Par l'arrangement de M. le marquis de Vaudreuil, il paroit que le secours qu'il annonce ne pourra arriver à Carillon que vers le 20 octobre ; mais comme la saison est déjà avancée, il y a lieu de croire que nous n'en aurons pas besoin et qu'il n'est pas possible aux ennemis de rien entreprendre de cette campagne dans cette partie.

M. le marquis de Montcalm a écrit à M. de Lusignan, commandant au fort Saint-Frédéric, d'arrêter les milices pour les faire travailler à réparer ce fort ; il envoya à cet effet le sieur de Germain, capitaine au régiment de la Reine, pour avoir la direction des travaux.

Deux partis de sauvages de vingt hommes chacun que nous avions à la guerre, sont rentrés le 5 sans avoir rien fait et nous n'avons rien appris des mouvements des ennemis.

LE 18 OCTOBRE

M. le chevalier de Lévis fut au fort Saint-Frédéric pour voir dans quel état étoient les milices arrivées des gouvernements de Montréal et des Trois-Rivières au nombre de deux mille hommes et arrêter avec M. Germain les travaux à faire audit fort pour y faire travailler les miliciens avec la plus grande activité ; il détermina qu'on entoureroit le fort d'un fossé avec une palissade dans le fond du fossé ; que, des terres que l'on tireroit de ce fossé, jetées sur les glacis, on en formeroit un chemin couvert, qui seroit aussi palissadé et qu'on feroit une enceinte de palissades depuis l'angle du bastion jusqu'au lac pour mettre à couvert d'un coup de main les maisons des habitants situées au dehors du fort ; le sieur Germain a fait exécuter ce travail avec la plus grande activité ; il a été fini le 1er novembre, et aussitôt qu'il a été dans sa perfection les habitants ont eu ordre de s'en retourner chez eux.

M. Wolf fut envoyé, le 28 octobre, à l'armée des ennemis porter la réponse de M. le marquis de Vaudreuil au général Abercromby ; par ce qu'il aperçut à leur armée et leurs mouvements, nous ne doutâmes point qu'ils n'eussent décampé le lendemain pour se retirer au fort Lydius et aller prendre leurs quartiers d'hiver. Sur le rapport de M. Wolf, M. le marquis de Montcalm envoya deux partis de sauvages de trente hommes chacun commandés par MM. de Florimond et de Charly pour être informé plus positivement des mouvements des ennemis. M. de Florimond eut ordre de se porter sur le chemin du fort Lydius et M. de Charly sur les hauteurs de la tête du lac Saint-Sacrement qui dominent sur le camp des ennemis.

LE 31 OCTOBRE

Il arriva un déserteur qui confirma que les ennemis avoient décampé le 29 et le 30. M. de Charly, qui rentra le même jour, dit qu'il les avoit trouvés décampés, qu'il avoit été dans leur camp. M. de Florimond rentra le 1ᵉʳ novembre; il amena un prisonnier de leur arrière-garde que des sauvages de son parti attaquèrent et dont ils tuèrent sept ou huit hommes, n'ayant fait que ce seul prisonnier; nous n'eûmes qu'un sauvage qui eut le bras cassé. Le rapport de ce prisonnier fut que l'armée des ennemis étoit en marche sur plusieurs divisions pour se rendre dans leurs quartiers; qu'il ne restoit pour la garnison au fort Lydius qu'un bataillon de Royal Américain et quatre compagnies de Roger. Il nous apprit aussi que cinq bataillons des troupes qui avoient fait le siège de Louisbourg étoient arrivés à Orange; qu'elles étoient de même en marche pour aller prendre leurs quartiers; qu'il ne devoit rester que deux bataillons dans cette place, un à Corlac et un bataillon d'Ecossois dans les habitations de la Rivière des Agniès jusqu'au fort Bull.

NOVEMBRE 1758

Le 1ᵉʳ novembre, M. le marquis de Montcalm commença à faire défiler l'armée pour se rendre dans leurs différents quartiers ; le 5, les dernières troupes partirent de Carillon ; il resta quatre cents hommes de garnison à ce fort aux ordres de M. d'Hébecourt, capitaine au régiment de la Reine, et deux cents à Saint-Frédéric aux ordres de M. de Lusignan, capitaine des troupes de la Marine.

LE MÊME JOUR

1ᵉʳ novembre, M. le marquis de Montcalm envoya le sieur de la Pause, capitaine-aide-major du bataillon de Guyenne, avec la compagnie des volontaires de Duprat et quelques sauvages et Canadiens pour visiter l'ancien camp des ennemis à la tête du lac Saint-Sacrement, où, selon le rapport du déserteur et des prisonniers, ils avoient fait des caches de plusieurs effets ; notre détachement en trouva effectivement une où ils avoient mis les agrès des galères et de la barque qu'ils avoient construites sur le lac, laquelle a été coulée à fond sans que nous ayons pu la trouver. On découvrit plusieurs berges et bateaux cachés dans les anses, et l'on trouva un grand trou où ils avoient mis une grande quantité de chaux. Dans quelques autres endroits, on découvrit aussi des caches de quelques barriques de lard et de farine. Notre détachement mit le feu aux restes de retranchements des ennemis qu'ils n'avoient pas entièrement brûlés et dégradés ; on emporta tous les effets qu'on avoit trouvés dans ces

différentes caches. Notre détachement rentra à Carillon le 3 de novembre.

M. le marquis de Montcalm et M. le chevalier de
Lévis en partirent le 4 pour se rendre à Montréal, où
ils arrivèrent le 9. On eut beaucoup à souffrir dans
cette route par un coup de vent qui dispersa tous les
bateaux dont plusieurs furent en danger de périr.
Celui où étoit M. le chevalier de Lévis courut de
grands risques. Le froid fut excessif puisque la rivière
de Saint-Jean et celle de Chambly furent arrêtées par
les glaces et que les quatre bataillons du gouvernement de Montréal et celui des Trois-Rivières furent
obligés d'abandonner leurs bateaux et leurs équipages
et de se rendre après dans leurs quartiers où ils ne
sont arrivés que du 12 au 15 du même mois. Cette
route nous a coûté six hommes qui ont été noyés ou
qui sont morts de froid ; il y en a eu plusieurs qui
ont eu les pieds et les mains gelés.

Sur la réquisition que le général Abercromby avoit
fait à M. le marquis de Vaudreuil de faire exécuter
la capitulation de Frontenac qui étoit que la garnison
seroit prisonnière de guerre ou échangée pour le même
nombre, il se détermina, quoique les anglois en Amérique n'aient jamais tenu aucune de leurs capitulations, à faire l'échange et à renvoyer cent cinquante
anglois pour le même nombre de soldats, qui avoient
été pris à Frontenac ; et M. Lesculaire, colonel de
milice, fut échangé pour M. de Noyan, qui commandoit à Frontenac ; et les autres officiers furent échan-

gés à grade égal. M. le marquis de Vaudreuil permit même à M. Lesculaire de racheter cinquante femmes ou enfants qui étoient aux mains des sauvages. M. le Borgne, lieutenant des troupes de la Marine, fut chargé d'amener M. Lesculaire avec les prisonniers échangés à Carillon, d'où M. Wolf les conduisit le 10 au fort Lydius avec un détachement de vingt hommes. Les prisonniers, de même que les soldats de notre détachement, eurent beaucoup à souffrir du froid. M. Wolf fut obligé de laisser au fort Lydius un soldat du bataillon de Guyenne qui avoit les pieds gelés ; le commandant de ce fort lui promit d'en avoir grand soin et de le renvoyer quand il seroit guéri. M. Wolf rentra le 16 avec son détachement. Il nous apprit que les officiers anglois du fort Lydius lui avoient dit que le général Abercromby avoit été rappelé, et qu'il étoit remplacé par le général Amherst, qui avoit commandé l'expédition de Louisbourg et qu'il étoit arrivé à New-York.

Dans les derniers jours du mois d'octobre, avant que de partir de Carillon, nous apprîmes par M. de Vaudreuil qu'un détachement des ennemis au nombre de neuf cents hommes commandés par M. Grant, major d'un des bataillons écossois, et un major des milices s'étoient avancés le 13 octobre jusqu'à la portée du canon du fort Duquesne pour surprendre pendant la nuit le camp des Canadiens et des sauvages que nous avions sous cette place.

Le détachement des ennemis fut découvert à la

11

pointe du jour par nos sauvages qui firent dans le moment le cri et donnèrent l'alarme aux Canadiens : M. de Ligneris, qui commandoit dans cette place, fit prendre les armes à tout le monde qui consistoit en environ quinze cents hommes qui marchèrent sur le champ aux ennemis qui furent eux-mêmes surpris d'un si grand nombre. Ils nous croyoient sans sauvages et nous en avions cinq à six cents qui enveloppèrent le détachement des ennemis, qui fut défait en peu de temps. Ils eurent cinq cents hommes tués ou faits prisonniers ; il ne s'en sauva pas plus de trois cents qui évitèrent le même sort par la fuite. M. Grant et le major des milices furent faits prisonniers avec trois officiers. Nous ne perdîmes que vingt hommes tués ou blessés. On apprit par les prisonniers que le général Forbes étoit en marche avec une armée de six mille hommes pour venir attaquer le fort Duquesne ; que le détachement de M. Grant n'étoit que l'avant-garde pour reconnoître les chemins ; que l'armée du général Forbes avoit pris une route différente que celle de Bradock ; qu'elle s'étoit assemblée à Lancastre, en Pensylvanie et qu'elle s'étoit ouvert un chemin par Raistown, d'où elle avoit passé les montagnes des Apelaches et étoit arrivée aux sources de la Rivière d'Atigué, où elle s'étoit retranchée à Royal-Hanon, distante d'environ dix-huit lieues du fort Duquesne.

M. de Ligneris ne comptoit point l'armée des ennemis si considérable et si près de lui ; il avoit toujours envoyé ses découvreurs par la route de Bradock au fort de Cumberland ; il ne pensoit pas qu'il fût possible à l'ennemi de s'ouvrir un chemin dans une autre partie.

Sur la nouvelle que les ennemis se retranchoient à Royal-Hanon, M. de Ligneris prit la résolution d'envoyer un parti de six cents hommes aux ordres de M. Aubry, capitaine des troupes de la Marine, à la Louisiane pour tâcher d'inquiéter les ennemis dans leurs travaux et de leur enlever quelques convois. M. Aubry s'avança avec son détachement jusqu'à une demi-lieue de Royal-Hanon, où il rencontra une garde d'une cinquantaine d'hommes qu'il replia et la suivit jusqu'aux retranchements où l'armée du général Forbes prit les armes sans oser en sortir. M. Aubry fusilla tout le reste du jour sur le retranchement et fit brûler tout ce qui étoit en dehors et ses sauvages tombèrent sur un convoi où ils enlevèrent trois cents bœufs ou chevaux. On estima dans cette occasion que les ennemis ont perdu plus de deux cents hommes et nous n'en eûmes que huit de tués ou blessés. M. Aubry se replia à la pointe du jour; et, dans deux jours de marche, il fut de retour au fort Duquesne. Après cette expédition, la saison étant déjà avancée, M. de Ligneris manquant de vivres fut obligé de renvoyer une partie de sa garnison. M. Aubry retourna aux Illinois avec un détachement de deux cents hommes et M. de Saint-Ours partit pour Montréal avec un détachement. M. de Bellaître partit aussi pour le Détroit avec un détachement, de façon qu'il ne resta au fort Duquesne que quatre cents hommes de garnison.

Les ennemis furent informés du peu de monde qui nous restoit au fort Duquesne. Ils prirent la résolution de continuer d'y marcher et d'ouvrir une route pour y mener de l'artillerie. M. de Ligneris, informé par ses découvreurs de l'approche du général Forbes et de toutes ses forces et jugeant que sa place ne pouvoit point y résister longtemps, se détermina à l'évacuer et à la faire sauter et brûler. Il renvoya l'artillerie, les gros équipages et les malades aux Illinois et se replia le 23 novembre au fort Machault, situé sur la Belle-Rivière, à quarante lieues au-dessus du fort Duquesne, à l'embouchure de la Rivière-aux-Bœufs.

Dans les derniers jours du mois de novembre, M. de Saint-Ours arriva à Montréal avec son détachement de la Belle-Rivière. M. de Montigny, capitaine des troupes de la Marine, arriva en même temps à Montréal avec d'autres officiers qui avoient conduit avec quinze cents Canadiens des vivres à Niagara; ce détachement eut beaucoup à souffrir, la saison étant déjà avancée pour naviguer dans le lac Ontario; les bataillons des troupes de terre furent destinés à hiverner dans la côte des trois gouvernements et, faute de vivres, devoient être nourris par les habitants. On ne destina que trois cents hommes pour le service de la place de Québec, cinquante aux Trois-Rivières et deux cent cinquante à Montréal. M. de Montcalm partit de Montréal les derniers jours du mois de décembre pour aller à Québec pour conférer avec Monsieur l'Intendant sur les besoins des troupes de terre. M. le chevalier de Lévis resta à Montréal chargé de la police des troupes de terre de ce gouvernement.

1759

Dans le mois de janvier, M. le marquis de Vaudreuil envoya différents partis de sauvages d'environ deux cents pour hiverner à Carillon, tant pour chasser que pour harceler les ennemis pendant l'hiver.

Les premiers jours du mois de février, M. du Fay, enseigne dans le régiment de la Reine, fut détaché par M. d'Hébecourt, commandant au fort de Carillon, avec trente sauvages pour se porter entre le fort Lydius et celui de Sarosto, pour intercepter quelques convois des ennemis et faire en sorte de faire quelques prisonniers ; il attaqua un détachement de quarante hommes des ennemis entre ces deux forts, qu'il mit en fuite, dont il tua six hommes et fit un prisonnier que M. d'Hébecourt envoya à M. le marquis de Vaudreuil dans les derniers jours du mois de février. Ce prisonnier nous apprit que les ennemis étoient tranquilles dans leurs quartiers et qu'ils ne se disposoient point à faire aucun mouvement dans l'hiver.

M. de Boishébert, qui commandoit à l'Acadie, reçut ordre de passer à l'Ile Royale avec le plus de monde qu'il pourroit sur l'avis que l'on avoit que cette île devoit être attaquée, mais n'ayant pu y arriver qu'après la descente des Anglois, il ne put être d'aucun secours, quoiqu'il restât dans l'île jusqu'à la reddition de la place qu'il repassa le détroit de Canceau pour retourner en Acadie.

Il laissa M. de Boucherville à son poste à Miramichy et partit avec environ deux cents hommes pour aller vers la Rivière Saint-Jean, où il trouva des Anglois qui construisoient un fort. Ne se croyant pas en état d'empêcher cet établissement, il se retira à trente lieues au-dessus, où il fit faire un retranchement ; il en confia le commandement à M. de Saint-Simon et se rendit à Québec.

Dans les derniers jours du mois de février, il arriva à Québec un Canadien qui avoit été fait prisonnier par les Anglois et qui avoit trouvé le moyen de se sauver du fort que les Anglois avoient nouvellement construit à la Rivière Saint-Jean. Il rapporta que ledit fort étoit entièrement fini, qu'il étoit terrassé et entouré d'un bon fossé palissadé, qu'il y avoit trente pièces de canon et cinq cents hommes de garnison.

M. de Ligneris manda à la fin de février à M. le marquis de Vaudreuil que les Anglois avoient construit un fort palissadé sur la hauteur auprès de laquelle étoit situé le fort Duquesne ; qu'il y avoit trois cents hommes de garnison et que l'armée du général Forbes étoit retirée de l'autre côté des Montagnes des Apotaches et qu'il avoit laissé une garnison de cinq cents hommes à Royal-Hanon. M. de Ligneris mandoit en même temps que les sauvages de toutes les

nations de la Belle-Rivière, quoiqu'ils se fussent retirés dans l'intérieur des terres, paroissoient nous être
toujours attachés et bien disposés pour nous, et qu'ils
attendoient avec bien de l'impatience que les François revinssent au printemps avec de nouvelles forces
à la Belle-Rivière pour en chasser les Anglois, et qu'ils
l'avoient assuré qu'ils frapperoient toujours les premiers.

Le 15 février

M. d'Hébecourt renvoya par un détachement de
six hommes commandés par M. Outlas, enseigne des
troupes de la Marine, un sauvage Loup soupçonné par
d'autres sauvages d'avoir correspondance avec les
Anglois ; il manda en même temps que tout étoit
tranquille sur la frontière du lac Saint-Sacrement.

M. de Benoit, capitaine des troupes de la Marine,
commandant à la Présentation, fit passer à Montréal,
le 16 février, cinq sauvages des Cinq Nations qui
étoient venus porter des branches de porcelaine à
leurs frères de la Présentation de la part des Anglois
pour les avertir de se retirer d'avec les François ; qu'é-
tant dans l'intention de venir attaquer la Pointe-au-
Baril et la Présentation, ils seroient fâchés d'être obligés de frapper en même temps sur leurs sauvages et
sur les François, qui ne pouvoient plus résister à leurs
grandes forces ; et qu'à la fonte des glaces, ils attaqueroient le Canada par tous les côtés ; qu'ils ne dou-

toient pas que les François ne se défendissent bien, mais que leur petit nombre ne pourroit pas long-temps tenir contre toutes les forces des Anglois.

Ces cinq sauvages des Cinq Nations rapportèrent en même temps que les Anglois faisoient de grands pré-paratifs au fort qu'ils avoient nouvellement construit au portage de la hauteur des terres de la Rivière des Agniès, demi-quart de lieue au-dessus où étoit situé le fort William ; qu'il y arrivoit beaucoup de troupes avec de la grosse artillerie et toutes sortes de muni-tions de guerre et de bouche. Ces sauvages convinrent que les colonels Johnson et Bradstreet leur avoient bien recommandé de voir ce que les François faisoient à la Présentation et à la Pointe au Baril, que nous avions choisie pour la construction des barques aux-quelles on travailloit depuis les premiers jours du mois de décembre pour remplacer celles qui ont été prises à Frontenac. On espère qu'elles seront en état d'être lancées à l'eau dans les premiers jours du mois d'avril.

M. Benoit qui commande à la Présentation et à la Pointe au Baril envoya de fréquents partis vers la hauteur des terres de la Rivière de Choagen et des Agniès pour être informé à temps des mouvements des ennemis. Nos différents partis de sauvages n'ont point fait de prisonniers dans ces parties ; ils ont seulement levé quelques chevelures pendant le cours de l'hiver.

M. le marquis de Vaudreuil ne renvoya les cinq

sauvages qu'en mars. Ils parurent fort contents de la
réception que leurs frères les sauvages et les François leur avoient faite, de même des présents que
M. le marquis de Vaudreuil leur donna. Ils promirent
à l'avenir d'être bien intentionnés pour les François
et qu'ils ne manqueroient pas de raconter à leurs
frères des Cinq Nations la façon dont leur père Onontio les avoit traités et qu'ils lui promettoient de venir
l'avertir de tous les mouvements et préparatifs que les
Anglois feroient vers la Rivière des Agniès et de
Choagen.

M. le marquis de Montcalm arriva de Québec à
Montréal le 7 du mois de mars.

LE 31 DU MÊME MOIS

Arriva à Montréal un courrier de M. d'Hébecourt
qui commande à Carillon pour apprendre qu'un détachement des ennemis de trente hommes aux ordres
du major Roger s'étoit avancé jusqu'à la Chute et sur
les hauteurs de Carillon et qu'il n'en a été averti qu'à
8 heures du matin par deux sauvages qui étoient à la
chasse. Il fit sur-le-champ tirer deux coups de canon
pour avertir des charpentiers qui, contre ses ordres,
avoient été ce jour-là couper des pièces de bois, lesquels ne rentrèrent point à ce signal et furent un
moment après attaqués par des sauvages et par une
partie du détachement des ennemis, M. d'Hébecourt
envoya une trentaine d'hommes et le peu de sauvages

qui lui restoient (le plus grand nombre étant pour lors allé à la chasse ou en parti) pour favoriser la retraite des charpentiers. Les ennemis en tuèrent cinq et en amenèrent six prisonniers ; nous avons eu un sauvage blessé et trois soldats ; les ennemis ont eu quelques hommes blessés et un sergent qui a été fait prisonnier ; dans sa déposition, il dit que dans ce détachement, il y avoit un ingénieur qui étoit venu pour lever le plan du fort et des retranchements, et il assura que les ennemis se disposoient à venir nous attaquer au printemps ; que l'on attendoit pour cela des provisions et des munitions au fort Lydius ; que l'on devoit lever une grande quantité de milice ; que le général Amherst étoit à New-York ; que l'on ne parle point de paix en Europe, mais qu'au contraire la guerre est générale ; que les Hollandois se sont déclarés pour la France et qu'on croit que les Espagnols en feront de même. M. d'Hébecourt mande qu'il fait partir un sergent et huit soldats pour faire conduire à Montréal un commis convaincu d'avoir fait de faux billets ; il mande en même temps qu'il est fort inquiet d'un parti de trente sauvages commandés par M. Hertel, lequel est parti depuis plusieurs jours ; il craint que les ennemis ne soient informés par nos prisonniers et qu'ils n'aient coupé le chemin de ce parti. M. d'Hébecourt demande aussi que l'on lui fasse passer le plus promptement qu'il sera possible des remèdes parce que les maladies continuent et que nous avons perdu une vingtaine d'hommes dans les hôpitaux pendant l'hiver.

M. le marquis de Vaudreuil a reçu, le 2 mars, des nouvelles des pays d'En-haut. On lui mande que les sauvages continuent à être bien disposés pour nous, et on lui écrit des Illinois qu'on fera passer des vivres pour se rendre par la Belle-Rivière dans celle des Ouabaches et par le portage des Miamis au lac Erié. Le commandant des Illinois lui fait espérer qu'il lui en fera passer la même quantité que l'année dernière et que ce sera M. Aubry qui sera chargé de ce convoi avec le secours des hommes.

Par la dernière lettre de M. Benoit, il paroissoit craindre d'être attaqué à la Pointe au Baril à la fonte des glaces. Les sauvages de la Présentation demandoient encore du secours, ce qui détermina M. de Vaudreuil à faire partir M. Pouchot, capitaine au régiment de Béarn, le 26 mars, avec cent cinquante Canadiens pour aller prendre le commandement de la Pointe au Baril et accélérer le plus qu'il sera possible la perfection des barques pour qu'elles soient en état de partir à la première navigation, pour aller prendre le commandement du fort Niagara et croiser dans le lac Ontario. Cent cinquante Canadiens aux ordres de M. Marin, lieutenant des troupes de la Marine, devoient aussi se rendre à la Pointe au Baril de même que cent cinquante soldats des troupes de terre aux ordres de M. de Villars, capitaine au régiment de la Sarre, qui devoient partir le premier d'avril de Montréal pour se rendre sur les glaces aux Cèdres, où l'on fit passer l'artillerie et les agrès pour les barques, ce qui en devoit avancer le transport, attendu que l'on aura passé les rapides les plus difficiles et que le convoi avec le détachement sera en état de partir des Cèdres à la première navigation pour se rendre à la Pointe au Baril aux ordres de M. Pouchot, qui est destiné pour aller commander à Niagara avec tous ces détachements réunis, ce qui fera environ 700 hommes. M. Pouchot avoit ordre par ses instructions de partir le plus tôt possible de la Pointe au Baril avec les barques, les munitions et les vivres destinés pour les pays d'En-haut, et de se rendre à sa destination à Niagara, d'où, selon les circonstances des mouvements des ennemis qu'il apprendroit par M. de Ligneris, il feroit passer le secours et les vivres nécessaires à la Belle-Rivière. Il avoit ordre de tenir les barques bien armées et de les faire croiser sur le lac Ontario vers Frontenac et la Rivière de Choagen, pour avoir des nouvelles des ennemis et les inquiéter dans les mouvements qu'ils pourroient faire dans cette partie.

Du 9 février au 12 mars.

La recherche des grains dans le gouvernement de Montréal, qu'on espéroit produire 30000 minots de blé, n'en a produit que 8000. Une nouvelle recherche, avec les moûtures des moulins et une partie des dîmes des curés pourront encore produire 4000 minots et l'on aura de la peine à pouvoir primer l'ennemi en campagne faute de vivres.

Du 12 au 17

Suivant les nouvelles qui nous viennent des Cinq Nations, les Anglois font déjà des dispositions pour nous primer de fort bonne heure dans la partie du lac Ontario. Ils conduisent de l'artillerie sur les glaces au petit portage de la Rivière de Choagen. Suivant la déposition d'un prisonnier du Royal-Américain, en date du 8 mars, toutes leurs dispositions sont faites pour opérer dès le petit printemps sur le fort Carillon.

3 avril 1759

Lesdites troupes destinées à aller à la Présentation et dans les pays d'En-haut sont parties du 2 pour se rendre aux Cèdres, et l'on compte que tout s'embarquera aujourd'hui ou demain, le lac Saint-François ayant dépris de meilleure heure que dans les années ordinaires.

Le sieur Pouchot, arrivé à la Présentation avec son détachement, reconnut les environs, marqua un nouveau retranchement, accéléra l'armement des barques et se mit en marche pour Niagara, d'où il envoya des découvreurs vers Choagen.

Arrivé à Niagara, il remit au sieur Vassan les ordres

qu'il avoit pour le relever et envoya des paroles aux sauvages des environs et des colliers aux Cinq Nations ; il instruisit M. de Ligneris et les autres commandants des instructions et ordres qu'il avoit pour commander dans cette partie ; car, par son instruction, il étoit libre, s'il jugeoit avoir besoin d'un secours considérable pour soutenir son fort, de replier les postes du fort Machault, la Rivière-au-Bœuf, la presqu'île et toutes les forces qu'on y attendoit des pays d'En-haut et des Illinois, du Détroit, des Miamis, de Saint-Joseph et de la Baie, ce qu'on supposoit pouvoir produire avec ce qu'il amenoit environ 3000 hommes, dont il devoit faire usage sur la Rivière de Choagen, supposé que les ennemis marchassent du côté de la colonie ; et, s'il voyoit qu'il n'y eût rien à craindre pour la partie du lac Ontario, de renforcer M. de Ligneris de tout ce dont il pouvoit se passer pour le mettre en état de se défendre ou de faire l'offensive sur la Belle-Rivière.

Peu après son arrivée, les partis qu'il avoit envoyés ne lui donnant aucune nouvelle des ennemis et les Cinq Nations l'ayant assuré qu'elles l'avertiroient à l'avance des mouvements des ennemis, il résolut d'envoyer à l'avance toutes ses forces à M. de Ligneris, excepté trois à quatre cents hommes qu'il garda pour son fort.

Les sauvages des Cinq Nations vinrent en ambassade vers la fin de l'hiver à Montréal pour nous informer, disoient-ils, des grands préparatifs que faisoient les Anglois (et vraisemblablement aussi pour reconnoître les nôtres), disant que Johnson leur avoit annoncé en plein conseil en les invitant à prendre la hache contre nous, ou du moins d'être neutres ; qu'il n'avoit pas besoin d'eux pour envahir le Canada ; qu'il y avoit une flotte considérable qui attaqueroit Québec dans le temps qu'ils arriveroient sur Montréal par les rapides et par Carillon avec deux grandes armées ; qu'ils commençoient déjà à s'assembler au haut de la Rivière de Corlac ; que l'artillerie y étoit rendue et qu'ils alloient descendre avec les glaces.

On fit faire à Saint-Jean pendant l'hiver des espèces de chébecs pour la défense du lac Champlain.

A peine avions-nous de quoi faire subsister un mois nos armées, s'il avoit fallu les mettre en campagne ; nous avions environ quatre-vingt milliers de poudre, 4000 hommes de troupes, dix à douze mille habitants, en comprenant tout ce qui étoit en état de porter les armes, les magasins dépourvus de tout.

On craignoit pour les Rapides, mais principalement pour Carillon. On avoit totalement négligé la partie de Québec comptant sur les secours de France pour le soutien de cette partie ; on se flattoit même que les Anglois n'entreprendroient point de ce côté, vu la difficulté de la navigation. Il étoit probablement sûr que les ennemis ne pourroient paroître devant Carillon tout au plutôt qu'à la fin de juin. Cependant on mit en mouvement à la fin d'avril et au commencement de mai partie des milices et toutes les troupes qui étoient dans le gouvernement de Québec faute de pouvoir y subsister. Et d'ailleurs il étoit nécessaire de faire travailler au fort et aux retranchements de Carillon qui n'étoient pas encore finis. M. de Bourlamaque fut envoyé pour y commander.

LE 9 MAI

On eut des nouvelles d'Europe par l'arrivée de M. de Bougainville qui nous annonçoit que nous allions être attaqués dans toutes les parties du Canada par de très grandes forces tant de la Vieille-Angleterre que de la Nouvelle, et nous dit qu'il n'arrivoit que peu de secours pour nous. Il fut question de prendre un parti Québec fut regardé avec raison comme la partie qui méritoit le plus d'attention. En conséquence, il fut convenu qu'on mettroit tout en usage pour s'y soutenir. Pour le faire avec succès, il falloit y porter toutes les forces de la colonie et rapprocher du centre les autres frontières, qu'on travailleroit avec diligence à fortifier l'Ile-aux-Noix à quatre lieues au-dessus de Saint-Jean et que, lorsque les ennemis s'approcheroient de Carillon, l'armée qui ne devroit consister qu'en ce qui a été dit ci-dessus, montant à environ deux mille cinq à six cents hommes se retireroit derrière la rivière à la Barbue ou à la presqu'île, tandis que le fort feroit mine de se défendre, mais qu'avant d'être totalement investi on le feroit sauter et que la garnison rejoindroit l'armée qui, en se retirant à la dite île, en feroit de même de celui de Saint-Frédéric.

Du côté des Rapides il fut convenu qu'on y enverroit un corps de 1200 hommes aux ordres de M. le chevalier de la Corne, lequel devoit se porter vers Choagen pour harceler les ennemis dans leur marche ou communication. Nos barques devoient croiser sur le lac Ontario et observer l'embouchure de ladite rivière, ce qu'elles ne firent point ; et, en cas qu'il ne pût arrêter la marche des ennemis dans ladite partie, il avoit ordre d'aller prendre un poste à la tête des Rapides pour les arrêter.

On manda au sieur Pouchot à Niagara d'être sur ses gardes ; mais, s'il croyoit n'être pas attaqué, de faire en sorte de soutenir et même de faire la guerre offensivement vers la Belle-Rivière.

MAI

MM. les marquis de Vaudreuil et de Montcalm et M. le chevalier de Lévis devoient se porter à Québec. M. le marquis de Montcalm s'y porta le premier le 23 mai ; M. de Vaudreuil le 28, et M. le chevalier de Lévis à la fin du même mois, avec toutes les troupes et milices du gouvernement de Montréal qu'il mit en mouvement. Sur la nouvelle que les ennemis avoient paru dans le fleuve Saint-Laurent, M. le marquis de Montcalm avoit commencé de faire travailler ; M. le chevalier de Lévis reconnut avec beaucoup de soins tous les environs, forma des projets de défense ; et, de concert avec MM. les marquis de Vaudreuil et de

12

Montcalm, il fut réglé qu'on fermeroit la ville le mieux qu'il seroit possible et qu'on y mettroit en état l'artillerie ; qu'on feroit faire des brûlots et cajeux ; qu'on feroit construire une batterie flottante portant de dix à douze pièces de 24 ou 18 ; des chaloupes portant une pièce de 6 à 8 et qu'on employeroit les marins aux batteries et à cette petite flotte.

Quant à l'extérieur, il fut convenu qu'il falloit défendre le débarquement de la plaine et les hauteurs de Beauport jusqu'à la Rivière du Saut de Montmorency, et en conséquence qu'il falloit faire des redoutes de distance à distance avec des batteries ;

Qu'en attendant qu'on eût des nouvelles de l'approche de la flotte ennemie, on camperoit l'armée sur la rive droite de la Rivière Saint-Charles à un quart de lieue de la ville, où on l'occuperoit à en fortifier les bords qui devoient servir de seconde ligne au cas que l'ennemi eût débarqué à Beauport. Les grenadiers furent envoyés dans la plaine de Beauport aux ordres de M. de Bougainville pour commencer la première ligne.

On formoit et on assembloit la milice à mesure qu'elle arrivoit ; les troupes de terre consistant en la Sarre, Royal-Roussillon, Languedoc, Guyenne et Béarn, ne formoient qu'une brigade qui devoit occuper le centre de l'armée. Le gouvernement de Québec devoit former un corps et avoir la droite avec celui des Trois-Rivières, qui en formoit un autre, et celui de Montréal devoit être à la gauche avec un bataillon qu'on avoit formé des milices de la ville de Montréal ou des environs choisies dans lesdits gouvernements, auquel étoient amenés tous les officiers et soldats de la marine qui étoient de ces départements.

Les secours qu'on avoit reçus de France consistoient en deux frégates que la cour avoit expédiées pour le secours de cette colonie. Le munitionnaire fit de plus grands efforts ; il fit acheter en France des frégates et nombre de gros bâtiments de transport pour faire passer un secours considérable en vivres ; mais il fut gêné par le peu de moyens que le Ministre lui fournit, regardant d'ailleurs comme inutile tout ce qu'on envoyoit dans ce pays. Quelques négociants particuliers se joignirent à cette escadre dont le total monta à vingt-trois voiles, le tout portant environ six cents hommes de recrues, deux cents milliers de poudre, peu de vivres et de marchandises sèches, le surplus en boisson. Elle portoit deux mille matelots. On fut longtemps indécis sur l'usage qu'on en feroit. On sonda la traverse voulant y couler bas des bâtiments ; toutes ces démarches et bien d'autres dans la suite ne servirent pas peu à prouver l'ignorance et l'incapacité de nos pilotes et officiers de port. On proposa plusieurs choses ; mais on ne trouve rien de plus sûr pour conserver les navires que de les envoyer sur les derrières en les faisant remonter la rivière. On mit les plus mauvais en brûlots. On en retira quatorze cents hommes pour le service des batteries ou de la petite flotte des chaloupes et bateaux portant du canon.

L'étendue de la ligne de la ville au Saut de Montmorency est d'une lieue et demie. On n'avoit commencé les fortifications que jusqu'au ruisseau de Beauport.

JUIN

Dans les premiers jours de juin, on eut nouvelle que partie de la flotte angloise étoit à l'Ile aux Coudres et qu'elle étoit composée de cent soixante voiles et portoit environ dix à douze mille hommes de débarquement.

LE 26 JUIN

Leurs premiers navires parurent à la vue de la ville ; le lendemain, l'armée fut camper à Beauport. Le gouvernement de Québec n'étoit pas encore rassemblé. On plaça à la gauche, sur les hauteurs de Beauport, pour occuper l'espace qui est depuis le ruisseau jusqu'au Saut de Montmorency, le gouvernement de Montréal et le bataillon de la ville, aux ordres de M. le chevalier de Lévis ; depuis ledit ruisseau jusqu'au milieu de la plaine, on plaça les cinq bataillons et à leur droite le gouvernement des Trois-Rivières, à la suite duquel devoit se placer celui de Québec pour occuper jusqu'à la Rivière Saint-Charles.

MM. les marquis de Vaudreuil et de Montcalm et l'état major de l'armée se placèrent dans la plaine ; on désigna à chaque troupe l'endroit qu'elles devoient défendre. Elles y firent des épaulements qui fermèrent l'espace entre les redoutes et redans.

LE 28

Les ennemis débarquèrent à Beaumont, leur flotte étant mouillée au-dessus et au-dessous du Trou de Saint-Patrice.

LE 29

On voulut faire rétrograder des brûlots qui ne firent nul effet par la faute de ceux qui les commandoient, qui y mirent le feu beaucoup trop tôt. Il y périt un officier et quelques matelots.

LE 30

Les ennemis débarquèrent le matin au bout de l'Ile d'Orléans et le soir à la Pointe de Lévis.

Notre armée passoit toutes les nuits au bivouac comptant à tout moment que les ennemis tenteroient la descente.

On établit des signaux de la ville au camp et on plaça de l'artillerie dans les redoutes ou redans de la ligne.

Pendant ce mois, il ne se passa rien d'intéressant vers les Rapides ; le chevalier de la Corne étoit en marche avec son détachement pour se rendre à la défense de cette partie. Le sieur Pouchot, trompé par les cinq nations, envoya le détachement qu'il avoit mené excepté les troupes de terre, vers la Belle-Rivière, ne gardant que six cents hommes pour son fort.

On travailla conformément au projet ci-dessus à fortifier le fort de Carillon. Vers la fin du mois de mai le sieur de la Pause avoit été envoyé à l'Ile-aux-Noix pour faire travailler à la fortifier ; on y envoya ensuite le sieur Fournier, ingénieur, et nombre d'habitants.

JUILLET

Dans les quatre premiers jours de juillet le général Wolf s'occupa à reconnoître toute la partie depuis l'église de la Pointe de Lévis, où il avoit placé un camp, jusqu'à la Rivière des Thechemins, et principalement la partie qui est vis-à-vis la ville, où il se détermina à établir des batteries pour la ruiner ou l'incendier. Il fit débarquer un corps de la Marine qui fut employé aux batteries, où il commença à faire travailler. Le 5, la partie de son armée qui étoit à l'Ile d'Orléans, étoit plus forte que la susdite.

DU 5 AU 8

Il reconnut ladite île et ses environs. La nuit du 8 au 9, il fit passer le corps qui étoit à l'île à la rive gauche de la Rivière du Saut de Montmorency, à son embouchure ; il fut séduit de cette position qui lui procuroit une hauteur qui dominoit notre gauche et dont il espéroit de nous chasser par son artillerie, pouvant d'ailleurs passer cette rivière à marée basse un peu au large de son embouchure ou à des gués qui étoient à une lieue au-dessus. Par son mouvement, on connut ses vues. M. le chevalier de Lévis persista à soutenir cette partie qu'on renforça un peu. On mit des gardes aux gués et l'on travailla diligemment à la gauche à s'épauler par des traverses et à retrancher le front.

Les ennemis firent quelques mouvements vers les gués et mine même de les attaquer ; il y eut quelques escarmouches dans cette partie, par les sauvages, avec perte pour les ennemis.

Du côté de la Pointe de Lévis les habitants de Québec voyant avec crainte les batteries que les ennemis établissoient et qui devoient brûler ou écraser leurs maisons demandèrent avec instance qu'il leur fût permis d'aller attaquer ces travaux ; mais, le 11 dans la nuit, après avoir passé la rivière, une terreur panique les fit revenir avec confusion.

LE 12 ET LE 16

Les ennemis furent en état de tirer le 12. Le 16 ils commencèrent à incendier quelques maisons.

La nuit du 18 au 19, ils firent passer quatre navires

au-dessus de la ville, ce qui nous fit craindre pour cette partie. On envoya des détachements sur les hauteurs d'Abraham et jusqu'au Cap rouge, et même à Jacques Cartier, craignant pour la communication de nos vivres.

LE 21

Ils firent une descente à la Pointe aux Trembles, avec un détachement de six à sept cents hommes; mais, à l'approche de quelques sauvages et sauvagesses, ils se rembarquèrent avec précipitation, emmenant quelques femmes.

LE 22

La cathédrale fut incendiée avec quelques maisons.

LE 28

On voulut faire usage des cajeux qui ne firent pas plus d'effet que les brûlots.

AFFAIRE DU 31 JUILLET

LE 31

Les ennemis ayant résolu de nous attaquer, deux navires à fond plat portant du canon furent destinés à être échoués vis-à-vis une de nos redoutes qui étoit sous la portée du canon du Saut et un vaisseau de soixante pièces de canon fut placé entre ces deux bâtiments. Ils se mirent en mouvement à onze heures du matin et commencèrent à canonner à midi. Les camps qui étoient à la Pointe de Lévis et à l'Ile d'Orléans furent embarqués dans ce même temps dans des berges ; le camp du Saut parut vouloir faire un mouvement du côté des gués du haut de la Rivière du Saut-Montmorency où étoit posté le sieur de Repentigny. A une heure, M. le chevalier de Lévis fut informé qu'il y avoit deux mille hommes en mouvement vers cette partie. Il fit partir cinq cents hommes pour renforcer ces postes et les sauvages, et ordre au sieur Duprat, capitaine de volontaires, de suivre le mouvement des ennemis et de l'informer de ce qui se passeroit. Il envoya aussi ordre au régiment de Royal-Roussillon, qui étoit campé le plus à portée, de s'avancer, et renforça les volontaires de la compagnie de grenadiers de ce régiment. Mais, dans le moment, ayant aperçu que les troupes des camps de l'Ile d'Orléans, de la Pointe de Lévis et des vaisseaux, qui étoient embarquées, faisoient un mouvement avec leurs berges vers la pointe de l'Ile d'Orléans, la partie de nos retranchements qui étoit vis-à-vis de cette île n'étant pas bien garnie, il y fit marcher ledit régiment avec ordre au commandant de communiquer ses postes avec le bataillon de Montréal et, par sa droite, avec les troupes qui s'avançoient du centre de l'armée.

M. le marquis de Montcalm ayant joint à deux heures, il lui rendit compte de ses dispositions et lui dit qu'il avoit fait avancer le bataillon de Guyenne, deux compagnies de grenadiers et cent hommes de milice. Il fut convenu qu'on observeroit exactement les mouvements des ennemis ; que si la gauche étoit attaquée, il la renforceroit des troupes du centre, et de même de la droite ; après quoi il fut rejoindre M. le marquis de Vaudreuil.

M. le chevalier de Lévis renforça le bataillon de Béarn, qui étoit de garde à la gauche au bord du Saut, de la compagnie des grenadiers ; la compagnie de la Sarre fut placée entre le bataillon du gouvernement de Montréal et celui de la ville, qu'il avoit fait descendre pour border les retranchements entre les deux redoutes. Les cent hommes des Trois-Rivières restèrent en panne pour être à portée de renforcer M. de Repentigny ou la ligne. Après ces dispositions, il fut se placer entre les deux redoutes pour observer les mouvements des ennemis. Leurs berges faisoient différents mouvements pour nous menacer en différents endroits. Ayant été averti que la colonne qui avoit marché vers les gués, rétrogradoit et rentroit dans le camp, il envoya ordre aux troupes qui étoient dans cette partie de revenir ; les ennemis comptoient que le feu croisé desdits navires avec celui de l'artillerie du Saut, qui nous enfiloit dans nos retranchements et dont le total montoit à environ soixante à soixante-dix pièces de canon, mortiers ou obusiers, nous obligeroit à abandonner nos retranchements.

Il est effectivement étonnant que, sous un si grand feu d'artillerie pendant plus de six heures, nous n'ayons pas perdu plus de monde. Les troupes et les Canadiens y ont montré beaucoup de fermeté et de bonne volonté.

La petite flotte des berges fit différents mouvements jusques vers les cinq heures du soir, où elles dirigèrent leur route dans le chenal pour venir débarquer à environ six heures du soir entre les deux navires échoués. Le camp du Saut s'étoit acheminé à marée basse pour passer le gué et pour, en côtoyant l'eau, aller joindre ladite colonne sans être à la portée du fusil de nos retranchements. Dès que les premiers eurent débarqué, ils se mirent en mouvement pour attaquer la redoute qui étoit en bas de l'escarpement des retranchements sur la grève, qui fut abandonnée par ordre. Nous étions sur une hauteur à une portée de fusil, où nous bordions un mauvais retranchement. M. le chevalier de Lévis voyant que les ennemis se déterminoient à ne faire qu'une attaque, fit avancer le bataillon de Royal-Roussillon et celui de Guyenne, qu'il doubla, derrière cette partie, pour la soutenir. Le feu de l'artillerie, qui avoit été très considérable depuis midi dans l'espérance de nous chasser de nos retranchements, redoubla de plus fort. Dès qu'ils furent maîtres de la redoute, ils marchèrent en colonne vers la hauteur; mais, à leur approche, le feu de notre mousqueterie fut si vif qu'ils plièrent; et, dans le même instant, il survint un orage furieux qui nous les déroba et nous cacha leurs mouvements. Mais, après qu'il fût dissipé, nous les aperçûmes derrière leurs navires où ils embarquoient leurs blessés dans les berges et toutes les troupes qui purent y contenir. Le reste se retira avec la colonne du Saut par la même route qu'elle étoit venue, et ils mirent le feu aux deux bâtiments échoués. Leur perte fut d'environ douze cents hommes morts, tués, blessés ou prisonniers, et la nôtre de vingt à trente soldats et quelques officiers blessés.

Pendant ce mois, le sieur Pouchot étoit à Niagara, tranquille dans son fort, comptant sur l'affection des sauvages et sur les promesses qu'ils lui avoient faites de l'avertir à temps. Et cependant les Anglois étoient en marche, partie par terre, le reste descendant la Rivière de Choagen avec l'artillerie et les vivres. Ils laissèrent en passant à l'ancien Choagen un dépôt avec un détachement de deux mille hommes qui s'y fortifièrent à l'endroit où étoit le fort Ontario. Après quoi, l'armée partit pour aller faire le siège de Niagara. Peu de jours après, le chevalier de la Corne, ignorant leurs mouvements, résolut d'aller vers Choagen, d'où il comptoit aller au-devant des ennemis pour les harceler ou arrêter dans leurs routes. L'ennemi, ignorant de même ses mouvements, travailloit négligemment dans le bois dans le temps que cet officier faisoit ses dispositions pour les attaquer, les ayant découverts. Mais, au moment de l'action, la terreur s'étant emparée de son détachement, il prit la fuite sans sujet et ne put se rallier qu'au dépôt. Il voulut retenter le lendemain; mais il s'en désista, l'ennemi étant sur ses gardes et retranché, et il se retira à la tête des rapides.

PRISE DE NIAGARA PAR LES ANGLOIS

Le sieur Pouchot ne fut averti qu'il alloit être assiégé que par les ennemis qui parurent aux environs de son fort et qui lui firent des prisonniers, le 6 juillet sur le soir.

LE 7 AOUT

Il envoya un courrier pour la presqu'île pour faire venir les détachements qui étoient vers la Belle-Rivière, pour qu'ils eussent à le joindre par Chenandai.

LE 8

Les ennemis se disposèrent à approcher de la place, ayant débarqué le 6 au Petit Marais.

LE 9

Les ennemis le sommèrent, et, dans la nuit, ils ouvrirent un boyau; le 10, ils le perfectionnèrent.

Le 11

Ils ont continué leurs ouvrages et l'après-midi ils ont démasqué une batterie à bombes. Pendant la nuit, ils ont avancé considérablement le boyau commencé, qu'ils poussèrent jusqu'à l'Arbre-sec ; les sauvages des cinq nations entrèrent dans le fort pour parler avec le sieur Pouchot, y étant excités par les Anglois, pour les porter à se rendre ; mais il renvoya les sauvages sans vouloir les écouter, et leur reprocha la trahison qu'ils faisoient à leur père Onontio.

Le 12

Ils ont commencé d'avancer à la sape ; on fit une sortie sans fruit ; leurs bombes ne faisoient que peu d'effet.

Le 13

Ils ont avancé leurs attaques ainsi que le 14 ; notre feu étoit toujours très vif.

Le 15

Ils ont changé leurs batteries de mortiers et commencé d'élever un cavalier pour enfiler le chemin couvert ; ils ont continué le 16.

Le 17

Leurs canons ont commencé à tirer ayant une batterie de quatre pièces et une de cinq, leurs ouvrages étant à cent vingt toises de l'angle saillant du bastion du lac.

Le feu fut très vif les jours suivants; les ennemis augmentèrent leurs travaux et leurs batteries.

Le 22

Le détachement de la Belle-Rivière parut; il voulut marcher en peloton pour percer la circonvallation; il fut investi et écharpé par les sauvages; très peu se sauvèrent. Le fort se rendit le 25, après cet événement, n'ayant plus de secours à espérer. Les ennemis avoient environ trois mille hommes. Ils ont très peu perdu et nous aussi.

On eut nouvelle dans le commencement du mois de la marche de l'armée du général Amherst, composée d'environ dix mille hommes. Elle parut, le 20, aux environs de Carillon; notre armée se replia suivant le projet; le fort fut évacué et on le fit sauter le 26. On en fit autant en passant à Saint-Frédéric d'où l'on fut à l'Ile-aux-Noix. Le général anglois passa ce mois à fortifier Saint-Frédéric.

La défaite du secours qui marchoit à Niagara et la reprise de ce fort firent une sensation considérable dans la colonie; on crut que l'ennemi alloit se présenter tout de suite à la tête des rapides. Le chevalier de la Corne, qui ne croyoit pas son poste bon, ni ses forces en état de résister à l'ennemi, avoit mandé qu'il ne pouvoit que se retirer jusqu'au côteau du lac, si l'ennemi marchoit à lui. Comme ce poste est à l'entrée des premières habitations de la colonie, on la regarda comme perdue si l'ennemi parvenoit jusque là, d'où il auroit été à portée de se joindre bientôt avec l'armée qui devoit attaquer l'Ile-aux-Noix. Il étoit en même temps indispensable de soutenir Québec. Dans le critique de cette circonstance, on résolut de donner un peu à la bonne fortune; on décida que M. le chevalier de Lévis se porteroit dans cette partie avec huit cents hommes dont cent de troupes de terre, le reste milice, pour faire usage de tous les moyens propres à pallier le mal. M. le marquis de Vaudreuil lui donna un ordre pour commander en chef sur les frontières du gouvernement de Montréal. Il partit le 9 août au soir avec MM. de la Pause et le chevalier Le Mercier, arriva le 12 à Montréal et en partit le 14 pour les Rapides. Il examina avec la plus grande attention tous les endroits qui pouvoient être susceptibles de quelque défense.

Août. — Québec

Après le départ du sieur Le Mercier pour les Rapides, M. de Montbéliard, capitaine dans le corps de l'artillerie de France, resta chargé du commandement général de l'artillerie dans la partie de Québec.

Les ennemis passèrent tout le mois d'août, persistant dans leurs premières dispositions, ainsi qu'on a vu le mois passé, canonnant et bombardant la ville et la gauche de notre armée, faisant plusieurs mouvements sur l'eau et du côté des gués de la Rivière de Montmorency, propres à nous donner de l'inquiétude.

Ils tentèrent par deux fois, le 7, de descendre à la Pointe-aux-Trembles avec un gros détachement ; mais la bonne contenance de nos détachements, qui défendoient cette partie, les en empêchèrent. On avoit, depuis quelques jours, renforcé cette partie; M. de Bougainville y avoit été envoyé pour y commander et relever M. Dumas, major des troupes de la colonie.

Le 10

Ils débarquèrent à Sainte-Croix, vis-à-vis la susdite paroisse, au sud, où ils parurent vouloir s'établir pendant quelque temps ; mais ils en décampèrent vers la fin du mois.

Le 19

Ils firent un débarquement à Dechambeau, paroisse à quatorze lieues au-dessus de Québec et où les officiers de l'armée avoient envoyé leurs équipages qu'ils brûlèrent ; et ils se rembarquèrent le même jour.

13

On avoit formé le projet de faire descendre nos frégates pour attaquer les quatre vaisseaux des ennemis qui étoient au-dessus de la ville, dont un vaisseau, deux frégates et un senau ; mais, ayant fait passer le 28 cinq nouveaux bâtiments, et quatre le 31, ce projet fut nul. Il nous en coûta cependant une frégate que les pilotes laissèrent toucher en descendant.

M. le chevalier de Lévis, arrivé à Montréal le 14, prit connoissance des vivres et des secours en tout genre qu'il pouvoit espérer du gouvernement; et voyant l'extrême disette où alloient se trouver les armées par le défaut de vivres, étant obligé pour vivre de tirer sur la récolte qui n'étoit pas même coupée et n'y ayant personne dans les campagnes pour le faire, il résolut de laisser quatre cents hommes de son détachement pour être employés à ce travail, en attendant qu'il eût quelque nouvelle positive de la marche des ennemis. Pour les faire marcher, il encouragea les femmes, les religieuses, les prêtres et généralement tout le monde de la ville, à aider directement ou indirectement à ce travail dont dépendoit le soutien du pays. Après avoir donné des instructions à M. de Rigaud, gouverneur, et au sieur Martel, commissaire de la Marine, et ordonné que les autres quatre cents hommes, compris les cent des troupes de terre, seroient envoyés, avec les vivres, outils et munitions ordonnées, aux Rapides, il partit le 14 de Montréal à midi et fut coucher à la Chine avec M. le chevalier de Longueuil, gouverneur des Trois-Rivières, qui l'accompagna comme connoissant parfaitement les Rapides.

LE 15

Il partit de la Chine et coucha aux Cèdres. Pendant cette journée, il observa la position de l'église des Cèdres, favorable pour y construire une place, et, à une île qui est auprès, un fort qui barreroit totalement la rivière.

LE 16

Il partit des Cèdres, observa le côteau du lac et les rivières qui l'avoisinent. Il a redescendu pour reconnoître l'île qui est vis-à-vis, remonté et redescendu par un chenal vers le sud, peu pratiqué, et il fut coucher à l'Anse-aux-Bateaux, à l'entrée du lac Saint-François.

LE 17

Il partit de ladite anse pour traverser le lac, observa la Rivière-au-Baudet et celle des Raisins qui aboutissent dans le lac, entra dans les chenaux, passa les rapides du Moulinet et du Rigolet, et coucha au bas de celui du Long-Saut, au nord.

LE 18

Il monta le Long-Saut jusqu'à l'Ile-au-Chat, d'où il

redescendit par le sud pour connoître les chutes dans cette partie; il remonta ensuite et coucha près de ladite île.

LE 19

Il passa le Rapide plat et celui des Galots, au-dessus duquel il trouva l'île où le camp du chevalier de la Corne étoit établi, reconnut les environs, prit connoissance du poste, et des nouvelles des ennemis.

LE 20

Il partit pour Frontenac et pour aller reconnoître cette partie, il passa aux deux barques qui étoient mouillées à une lieue au-dessus, donna ordre pour qu'elles se disposassent à aller en croisière vers Choagen, passa à la Présentation et à la Pointe-au-Baril, poste qu'on avoit occupé l'hiver et que le chevalier de la Corne avoit abandonné à son retour de Choagen et où on porta du monde pour mettre à l'eau une barque qui étoit restée sur le chantier.

LE 21

Il passa les îles de Toniata, entra dans les Mille-Roches et coucha à l'Ile-aux-Citrons.

LE 22

Il arriva à midi à Frontenac et reconnut les environs; il fit embarquer des boulets, du fer et douze pièces de canons, dont une étoit cassée, qui avoit été abandonnée par les Anglois avec d'autres; il repartit à trois heures et demie et coucha dans une île au bas de la Grande-Ile.

Le chevalier de la Corne avoit envoyé des sauvages en parti; ils nous aperçurent; s'étant arrêtés dans leur marche, ils vinrent nous voir. Après les compliments et promesses accoutumés, ils firent part de l'envie qu'ils avoient de boire, il leur fut donné deux bouteilles d'eau-de-vie. Ils revinrent de grand matin pour en chercher encore. Comme cette île n'avoit point de nom, on la nomma l'Ile-à-Ovaratory, nom du chef sauvage dudit parti.

LE 23

Il suivit le chenal du sud et fut de retour le soir à l'Ile-aux-Galots, poste du chevalier de la Corne.

LE 24

Il reconnut une grande île qui étoit à côté où l'abbé Piquet s'étoit établi avec sa mission; et, voyant qu'il falloit nécessairement l'occuper pour défendre le passage de la rivière, il ordonna des fortifications pour embrasser cette défense.

Le 25

Il travailla à faire des dispositions de défense, à mettre chaque partie en règle, à connoître les vivres et magasins, à préparer des batteries et des bateaux portant du canon et à reconnoître au juste la force du détachement du chevalier de la Corne et des sauvages qui étoient dans cette partie.

Le 26

Il visita les bords de la Grande-Ile, le matin, et, l'après-midi, celles qui sont en avant, examina avec attention celle qui est la plus avancée et résolut d'y établir un fort. Par la position de cette île, on peut battre avec de l'artillerie les deux bords de la rivière et protéger les barques qui peuvent mouiller au-dessous ; elle est si petite que le fort l'occupera presque toute. En revenant il trouva l'abbé Piquet avec des envoyés des sauvages qui venoient annoncer que les femmes de cette mission lui demandoient un conseil. On se rendit chez ledit abbé, on le fit asseoir sur un fauteuil avec ceux de sa suite d'un côté et les missionnaires de l'autre. Le respectable conseil femelle entra, la susdite sybille à la tête (sic). Après que chacun eut pris sa place et qu'elle fut assise, elle dit :

" Mon Père, c'est de tout notre cœur que nous remer-
" cions le Maître de la vie de t'avoir conservé ; tu nous
" es cher ; nous t'aimons, et nous comptons que tu
" penses de même pour nous. Nous avons eu un grand
" plaisir de te voir, et sommes sensibles à l'affection
" que tu nous as témoignée de la part d'Onontio, et
" que tu sois venu pour nous défendre et mourir avec
" nous. " Elle sortit en même temps un grand collier
pour lui dire que par ce collier elles l'arrêtoient
auprès d'elles jusqu'à la paix. Et, sortant ensuite
quatre branches de porcelaine pour lui notifier qu'on
le recevoit comme naturel adoptif dans leurs cabanes
et qu'elles le mettroient à la place et lui donneroient
le nom d'un grand chef Onontogué, qui étoit très
entendu et traitoit de bonnes affaires, lequel s'appe-
loit Orakouintone, qui veut dire en françois Le Soleil
suspendu. Il y avoit lieu de croire que la cérémonie
ne se finiroit pas sans qu'on lui proposât quelque
alliance, attendu qu'elles avoient eu grand soin de
mener leurs jeunes sauvagesses et les plus jolies qui
s'étoient bien vermillonnées. Il les remercia de toutes
ces faveurs, que, quant à la première, il y répondroit
le lendemain, et que, pour la seconde, il étoit très
sensible qu'elles voulussent bien l'associer à leurs
cabanes, qu'il ne les oublieroit point et les regarderoit
dès à présent comme ses frères et sœurs.

LE 27

Nous fûmes reconnoître l'île dont il a été parlé

qu'on baptisa l'Ile Orakouintone. L'on ordonna que l'établissement seroit fait. Le sieur Désandroins, ingénieur, fut chargé de la fortification. Les sauvages y avoient semé, on leur acheta la récolte, qui n'étoit point mûre et qu'on fit arracher le lendemain 28.

Le 29

On traça l'ouvrage. Ce jour arrivèrent les cent hommes des troupes de terre commandés par M. Beauclair, capitaine de la Sarre, et cent miliciens. Les autres deux cents étoient déjà arrivés. Le 23, le parti revint et amena deux prisonniers, qui nous informèrent de l'inaction des ennemis qui se fortifioient à Choagen.

Le 30

On travailla au tracé dudit ouvrage. On renvoya de la poudre à Montréal, en ayant trop dans cette partie.

Le 31

M. le chevalier de Lévis fut reconnoître la côte du Nord, en remontant jusqu'à la Galette, et revint par le Sud.

Septembre

Le 1er, les sauvages du lac des Deux-Montagnes

étant arrivés depuis plusieurs jours, on les disposa à
faire un parti. Ceux de la Présentation demandèrent
conseil et lui dirent qu'ils avoient appris qu'il devoit
repartir, et qu'ils voyoient bien qu'on alloit les abandonner; qu'il ne devoit pas ignorer tout ce qu'ils
avoient à craindre; et ils le prièrent de leur dire ce
qu'il avoit dans l'âme et l'exposé de toutes ses
démarches. Il les rassura et les détermina à partir le
soir pour la Présentation pour aller joindre les autres,
et qu'il se trouveroit au festin de guerre pour les lier
par un collier; qu'il n'avoit qu'un veau, qu'il leur
donneroit avec plaisir.

Nous fûmes le soir à la Présentation. L'Anoyot se
chargea d'être l'orateur pour M. le chevalier de Lévis,
finissant suivant l'usage du conseil Iroquois, par
prendre un ton de romance pour faire ses récitatifs.

Le 2

Nous fûmes prendre l'abbé Piquet pour bénir le
fort et dire la messe à l'Ile. Les sauvages avoient pour
lui la plus haute considération, et il les a fait servir
très utilement dans toute cette partie. L'après-midi
nous fûmes reconnoître le dessous de l'Ile-aux-Galots.

Le 3

On reçut un courrier de Montréal. M. le chevalier
de Lévis se disposa à partir en conséquence des nou-

velles qu'il reçut, sa présence devenant nécessaire dans le gouvernement.

Le 4

Nous partîmes et observâmes en descendant les endroits propres à défendre; nous fûmes coucher le même jour aux Cèdres.

Le 5

A Montréal.

Le 6 et le 7

On travailla à Montréal à faire parvenir des farines à l'armée et à préparer des vivres pour l'hiver au poste des Galots.

Le 8

On partit pour aller à l'Ile-aux-Noix, et l'on coucha à Chambly. On donna des ordres pour les vivres.

Le 9

On coucha à Saint-Jean où nous apprîmes dans la nuit que le susdit parti des Galots avoit relâché ayant trouvé des envoyés des cinq nations en chemin.

Le 10

Nous fûmes dîner à l'Ile-aux-Noix et revînmes coucher à Chambly. M. le chevalier de Lévis trouva les fortifications de l'Ile-aux-Noix très avancées par la diligence qu'y avoit faite M. de Bourlamaque, et donna différents ordres relatifs à la défense, à la subsistance et aux établissements pour l'hiver. Nos chébecs continuèrent paisiblement leur croisière sur le lac Champlain, et les ennemis leurs travaux à Saint-Frédéric.

Le 11

M. le chevalier de Lévis fut de retour à Montréal.

Le 12

Point de nouvelles ni des Rapides ni de l'Ile-aux-Noix.

Le 14

Il arriva deux soldats de Béarn de la garnison de Niagara avec deux Canadiens qui avoient échappé aux ennemis en route.

Le 15

M. le chevalier de Lévis reçut un courrier de M. de Vaudreuil, à six heures du matin, qui lui faisoit part de la perte de la bataille du 13 où M. de Montcalm avoit été tué et lui mandoit que cette malheureuse affaire l'obligeoit d'abandonner Québec à ses propres forces, et de se retirer avec les débris de l'armée derrière la rivière de Jacques Cartier, où il le prioit de venir le joindre au plus tôt. M. le chevalier de Lévis, après avoir donné des ordres pour les frontières de ce gouvernement et pour la subsistance des armées et donné des instructions à ce sujet ordonna qu'il fût envoyé des outils, du canon, des vivres et des munitions à l'armée battue, partit à neuf heures du matin et arriva à 11 heures du soir à Maskinongé, n'ayant pu faire plus de diligence par les orages qu'il fit, et ne put continuer à marcher la nuit à cause des mauvais chemins.

Le 26

Il partit de grand matin, trouva le sieur de Pontleroy aux Trois-Rivières et conféra avec lui ; il avoit été envoyé pour chercher une position en arrière de Jacques Cartier, où on ne se croyoit pas en sûreté ; il avoit reconnu la Rivière Batiscan et trouvé cette situation meilleure que la précédente.

PARTIE DE L'ILE-AUX-NOIX

Il ne se passa rien d'intéressant dans cette partie pendant tous les mois d'août et septembre. M. de Bourlamaque continua à faire travailler aux fortifications et mit les chébecs en croisière sur le lac Champlain.

RAPIDES

Dans la partie des Rapides, on continua pendant le reste de septembre la construction du fort qui fut appelé le fort Lévis. L'île avoit été nommée précédemment l'Isle Orakouintone, nom sauvage que les sauvages avoient donné à M. le chevalier de Lévis.

QUÉBEC. — BATAILLE DU 13 SEPTEMBRE

Dans le commencement de septembre, les ennemis désespérant de pouvoir réussir dans leurs premiers projets d'attaque et voyant la campagne avancée résolurent de changer leurs dispositions et de tenter d'entreprendre quelque chose dans leur nouvelle position, qui consistoit à porter toute leur armée vers la Pointe de Lévis; ce qu'ils exécutèrent le 4, en abandonnant le Saut et après avoir incendié les campagnes des environs. Ils se mirent par ladite position à même d'entreprendre au-dessus et au-dessous de Québec, après avoir fait passer au-dessus de la ville un certain nombre de navires. Le 7, ils étoient dans cette situation, cherchant le moment de tenter quelque chose qui pût décider la campagne pour ou contre. Ayant fait quelques mouvements avec leurs navires et des troupes embarquées vers la Pointe-aux-Trembles, ils trouvèrent cette partie très renforcée et où, sur l'inquiétude que nous avions que la communication ne fût interceptée avec les Trois-Rivières, nous avions envoyé toutes les compagnies de grenadiers, les volontaires, la cavalerie, des piquets, et un gros corps de Canadiens et sauvages, le tout aux ordres de M. de Bougainville. Les différents détachements pris sur l'armée l'avoient affoibli considérablement. Elle manquoit de vivres; et, pour pouvoir en faire venir des Trois-Rivières, où étoit le dépôt, il n'y avoit plus de ressource à attendre des charretiers du pays ni des charrettes qui avoient été données tant aux troupes qu'à l'artillerie dont les chevaux étoient entièrement ruinés; ce qui fit qu'on résolut la nuit du 13 au 14, de faire passer par eau malgré la flotte ennemie un convoi à Québec. Les postes depuis la Pointe-aux-Trembles jusqu'à cette ville eurent ordre de ne point crier qui vive sur les bateaux, lorsqu'ils passeroient. Soit que les ennemis en fussent instruits par un de nos déserteurs, comme on le dit, ou non, ils résolurent de tenter quelque chose cette nuit. Un détachement de cent cinquante hommes fut destiné à aller reconnoître quelque endroit et devoit être soutenu par un renfort et même par toute l'armée, si le cas y étoit; ledit détachement passa à la portée de nos gardes qui les laissèrent passer; il s'arrêta et débarqua au-dessus de l'Anse-au-Foulon, où, n'ayant vu ni entendu personne, il chercha à gravir la hauteur, ce qu'il fit avec la plus grande peine. Il avertit le secours, et ce dernier avertit l'armée. Ce détachement se forma sur la hauteur et se mit à marcher pour aller enlever par ses derrières le poste qui gardoit l'Anse-au-Foulon, ce qu'il fit sans grand obstacle, l'ayant surpris. L'armée vint débarquer à ladite anse et profita du reste de la nuit, et, au point du jour, elle se mit en marche pour s'emparer du terrain un peu plus avantageux qui est entre ladite anse et la ville.

Notre armée, sur le bruit des rames d'un nombre de berges avoit passé la nuit au bivouac. On entendit quelques coups de fusil au point du jour à l'Hôpital-Général. On disoit les ennemis débarqués avant le jour. L'armée ignoroit tout cela. On se persuada que les coups de fusil étoient des ennemis qui tiroient sur le convoi de vivres. Dès qu'il fit jour, on fit rentrer l'armée. Il étoit six heures. Les ennemis étoient placés ainsi qu'il a été dit. Le major général en fut instruit le premier par un fuyard qu'il trouva sur son chemin. Il étoit près du pont près duquel étoit campé le régiment de Guyenne, auquel il donna ordre de marcher du côté de l'Anse-des-Mers, qui étoit un débarquement qui est entre la ville et celui de l'Anse-au-Foulon, où avoient débarqué les ennemis, et de les attaquer forts ou foibles; et il fut ensuite ordonné de faire marcher les piquets vers le même endroit et avertir M. le marquis de Montcalm, qui ordonna la marche du reste de l'armée, laquelle suivit le même chemin qu'avoient fait les premiers. Le régiment de Guyenne, en arrivant sur les hauteurs, trouva toute l'armée ennemie en bataille, qu'il se garda bien d'attaquer. Il s'empara de la position la plus avantageuse et attendit de nouveaux ordres. L'armée se forma à mesure qu'elle arrivoit. On fit rester un corps de quinze cents hommes pour garder les parties de la ligne où l'ennemi pourroit tenter quelque chose, ayant aperçu quelques berges qui faisoient des mouvements vers cette partie, mais ce n'étoit que des matelots.

Les gardes de l'armée et celles des camps restèrent aussi.

M. de Bougainville avoit environ deux mille trois cents hommes non compris les sauvages, et les meilleures troupes de l'armée.

Pour la garnison de la ville, on n'en fit aucun usage, de sorte que, lorsque tout fut assemblé, il ne se trouva que trois mille cinq à six cents hommes pour combattre dont très peu de troupes réglées, les corps ayant été extrêmement affoiblis par tous lesdits détachements.

On fit avancer quelques pelotons pour fusiller sur les ennemis qui en firent de même, et l'on fit arriver deux pièces d'artillerie. Les ennemis en avoient aussi. M. le marquis de Montcalm qui n'avoit pas eu le temps d'avertir M. de Bougainville, qui étoit au Cap Rouge, comptoit qu'il l'auroit été par ses postes. Il attendoit d'apprendre qu'il étoit à portée pour attaquer les ennemis dans le temps qu'il en feroit de même. Mais il n'attendit que jusqu'à dix heures, et, voyant alors que les troupes montroient beaucoup de fermeté et de zèle, lui disant continuellement que les ennemis faisoient arriver du canon et prenoient poste en se retranchant, il résolut de tout tenter malgré la disproportion des forces.

L'ennemi s'étoit posté derrière de petites hauteurs. Le chemin pour aller à eux étoit difficile, embarrassé, inégal et rempli de broussailles en certains endroits ou de champs de blé.

Notre armée se mit en mouvement, ne consultant que son ardeur et connoissant peu l'ordre, la plus grande partie de ce qui la composoit étant des habitants. Les bataillons même étoient farcis d'un nombre d'habitants qu'on avoit incorporés parmi les soldats. Le fond des cinq bataillons étoit sur une ligne à trois de hauteur; à la droite étoit un corps composé de peu de troupes de la colonie et de nombre d'habitants.

Il est aisé de concevoir sur l'exposé ci-dessus que cette armée ne fit pas grand chemin sans être en désordre. On commença à tirer de loin, ce qui acheva d'y mettre la confusion de sorte que, lorsqu'elle arriva à la demi-portée du fusil des ennemis, elle n'eut nulle consistance. Les ennemis, qui, à notre mouvement, avoient gagné la crête des hauteurs, firent un feu considérable. Notre droite plia et fut suivie successivement de toute la gauche avec la plus grande confusion. M. le marquis de Montcalm qui avoit marché à leur tête fut blessé de deux coups de feu, dont un mortel, et fut emporté à la ville, où il mourut le lendemain.

14

M. le marquis de Vaudreuil, qui se trouva à la porte de la ville, tâcha d'y rallier les troupes, mais inutilement. Les ennemis, après notre mouvement, détachèrent tous les Ecossois et les grenadiers à la poursuite des fuyards qu'ils accompagnèrent jusqu'à la porte de la ville, et ils restèrent dans leur position. Le débris de notre armée passa à travers la ville et fut se rallier à l'autre côté du pont de la petite rivière. Les ennemis ne bougèrent point de leur position.

M. de Bougainville, n'ayant été averti que tard du débarquement des ennemis, commença à se mettre en mouvement avec environ neuf cents hommes seulement, marcha vers la maison de Saint-Michel, qu'il trouva occupée. Il la fit attaquer par les volontaires de Duprat, mais sans succès, les ennemis y étant bien établis, et passa outre. Mais, ayant appris à une certaine distance de l'armée ennemie que la nôtre avoit été battue, il se replia vers la Vieille Lorette et envoya demander à M. le marquis de Vaudreuil de nouveaux ordres.

Nous perdîmes dans cette attaque plusieurs volontaires. Le sieur de Brignolet, lieutenant au régiment de la Sarre, y fut tué, et le sieur de Rouvray, aussi lieutenant au même régiment, y fut grièvement blessé de deux coups de fusil. Cette attaque fut fort vive et nos troupes y montrèrent beaucoup de valeur. M. de Bougainville, n'ayant pu se rendre maître de ce poste prit le parti de le faire masquer.

Les débris de l'armée étant rentrés dans le camp, on envoya cinquante hommes par bataillon pour renforcer la garnison de la ville. M. le marquis de Vaudreuil fit assembler à l'entrée de la nuit les commandants des corps pour voir avec eux ce qu'il y auroit à faire dans pareilles circonstances sur la crainte où on étoit que l'ennemi ne marchât au poste de Jacques Cartier pour leur couper la retraite ; et, sur l'exposé qu'on alloit manquer de vivres, il fut décidé qu'on se retireroit à l'entrée de la nuit, crainte que l'ennemi ne se mît en mouvement pour les attaquer, supposé qu'il s'aperçût de leur retraite, et que, pour faire cette retraite avec moins d'embarras, manquant de charrettes, on laisseroit le camp tendu, permettant seulement aux compagnies qui pourroient les emporter de prendre une tente et une marmite ou deux par compagnie. Il fut distribué assez mal à propos de l'eau-de-vie aux soldats et Canadiens, dont plusieurs furent enivrés, ce qui fit qu'il y eut beaucoup de traîneurs qui perdirent leurs sacs. Les officiers, faute d'avoir de quoi transporter leurs équipages, furent obligés de les abandonner ; et, pour la même raison, on fut forcé de laisser l'artillerie, les munitions et les vivres.

L'armée se mit en marche la nuit en grand silence, passa par la Jeune et Vieillle Lorette et traversa la rivière du Cap Rouge, et se rendit à la Pointe-aux-Trembles où la tête arriva le 14 à midi ; le reste ne put arriver que le soir et dans la nuit à cause des mauvais chemins et des traîneurs.

M. de Bougainville fut chargé de rester au lieu où il étoit jusqu'à ce que l'armée eût passé pour en faire l'arrière-garde et eut ordre aussi de rester à Saint-Augustin le 14.

Les habitants du gouvernement de Québec se dispersèrent pour aller chez eux; ceux des autres gouvernements en faisoient de même; d'autres pilloient dans les campagnes sans qu'il fût possible d'arrêter ce désordre.

Le 15

On arriva dans le même ordre que le précédent à Jacques Cartier et M. de Bougainville fut à la Pointe-aux-Trembles, d'où il écrivit à M. de Vaudreuil pour savoir s'il jugeoit à propos qu'il y restât pour observer les ennemis.

Ce fut dans ces circonstances que M. le chevalier de Lévis joignit l'armée le 17 ayant trouvé et arrêté nombre de fuyards en chemin. Il fit part à M. de Vaudreuil des ordres qu'il avoit donnés et de ceux qu'il falloit donner pour empêcher la désertion et lui représenta que pour arrêter le désordre le seul moyen étoit de marcher en avant; qu'il falloit faire tout au monde et tout hasarder pour empêcher la prise de Québec, et, au pis aller, en faire sortir tout le monde et détruire la ville, de façon que les ennemis ne pussent y passer l'hiver, observant qu'ils n'étoient pas assez forts pour garder la circonvallation de cette place, et pour nous empêcher d'y communiquer; qu'il falloit se rassembler et se mettre en disposition de menacer l'ennemi de l'attaquer, et, pour cet effet, de profiter des bois du Cap Rouge, Sainte-Foi et Saint-Michel pour s'approcher d'eux, et que supposé qu'ils voulussent marcher à nous dans les bois, il falloit combattre, ou, s'ils nous fournissoient quelque autre occasion, en profiter parce que leur armée n'étoit pas assez forte pour se diviser et que, se trouvant ainsi entre la ville et nous, et nous étant si près d'eux, ils n'oseroient pas en faire le siège; qu'il y avoit raison de croire qu'ils viendroient nous attaquer; que, si nous étions battus, nous nous retirerions sur le haut de la rivière du Cap Rouge, laissant un gros détachement dans le bois et nous suivrions alors ledit projet de favoriser la sortie de la garnison de Québec après l'avoir incendiée; que ce mouvement arrêteroit la désertion des habitants et feroit rejoindre grand nombre de ceux du gouvernement de Québec qui avoient déserté. M. le marquis de Vaudreuil approuva tout et dépêcha des courriers au commandant de la place. M. le chevalier de Lévis écrivit à M. le chevalier de Bernets, qui y commandoit en second pour l'informer aussi qu'on marchoit en avant et qu'il réchauffât le zèle des troupes. Le défaut de vivres fut cause qu'on ne put partir que le lendemain. Le sieur de la Roche-beaucourt entra le matin dans la ville avec cent chevaux portant des sacs de biscuit et annonçant que l'armée étoit en marche pour secourir la place à quel-

que prix que ce fût et que M. le chevalier de Lévis
l'avoit joint.

Le 18

L'armée se mit en mouvement et fut coucher dans
la paroisse de la Pointe-aux-Trembles; le détachement de M. de Bougainville se porta sur le haut de la
rivière du Cap Rouge.

Le 19

Ledit détachement se mit en marche pour se porter
sur la rivière Saint-Charles, et l'armée pour aller à
Lorette. On apprit pendant la nuit que le commandant de la place étoit en pourparler pour capituler;
on lui avoit récrit de tout rompre et l'on s'en flattoit
même sur les termes de sa lettre; mais le détachement
en arrivant sur la Rivière Saint-Charles apprit que la
ville étoit rendue. M. le chevalier de Lévis s'étoit
avancé pour l'aller joindre et trouva le détachement
qui rétrogradoit; il le fit rester au pont du haut de la
rivière du Cap Rouge, et l'armée coucha à Saint-Augustin. Le camp de Beauport étoit resté tout tendu
sans que les ennemis eussent osé descendre pour y
entrer; les habitants des environs le pillèrent.

CAPITULATION

———o———

Capitulation demandée par M. de Ramezay, lieutenant de Roi de Québec, à Son Excellence le général Townsend, commandant les troupes de S. M. Britannique.

Articles accordés par M. Townsend, général des troupes de S. M. Britannique.

ARTICLE 1ER.

M. de Ramezay demande les honneurs de la guerre pour sa garnison et qu'elle soit ramenée à l'armée en sûreté par le chemin le plus court avec armes et bagages, six pièces de canon de route, deux mortiers et obusiers et douze coups à tirer pour chaque pièce.

ARTICLE 1ER.

La garnison de la ville composée des troupes de terre, de Marine et les matelots sortira de la ville avec armes et bagages tambour battant, mèche allumée avec deux pièces de canon de France et douze coups à tirer pour chaque pièce, et sera embarquée le plus commodément qu'il sera possible pour être portée en France.

ARTICLE 2.

Que les habitants seront conservés dans la possession de leurs maisons, biens, effets et privilèges.

ARTICLE 2.

Accordé.

ARTICLE 3.

Que les habitants ne pourront être recherchés pour avoir porté les armes à la défense de la ville, attendu qu'ils y ont été forcés et que les habitants des colonies des deux couronnes y servent également comme milice.

ARTICLE 3.

Accordé, en mettant bas les armes.

ARTICLE 4.

Qu'il ne sera point touché aux effets des officiers et habitants absents.

ARTICLE 4.

Accordé.

ARTICLE 5.

Que lesdits habitants ne seront point transférés ni tenus
de quitter leurs maisons jusqu'à
ce qu'un traité définitif entre
Leurs Majestés Très Chrétienne
et Britannique aient réglé leur
état.

ARTICLE 5.

Accordé.

ARTICLE 6.

Que l'exercice de la religion
catholique, apostolique et romaine sera conservé, que l'on
donnera des sauvegardes aux
maisons des ecclésiastiques particulièrement à Monsieur l'évêque de Québec, qui, rempli de
zèle pour la religion et de cha-
rité pour le peuple de son diocèse, désire y rester constam-
ment, exercer librement et avec
décence son état et les sacrés
mystères de sa religion et son
autorité épiscopale dans la ville
de Québec, lorsqu'il le jugera à
propos jusqu'à ce que la possession du Canada soit décidée
par un traité entre Leurs Majestés.

ARTICLE 6.

Le libre exercice de la religion romaine sera accordé ainsi
que les sauvegardes aux personnes religieuses et à Monsieur
l'évêque qui pourra venir exercer librement et avec décence
les fonctions de son état, lorsqu'il le jugera à propos, jusqu'à
ce que la possession du Canada
ait été décidée entre Leurs Majesté Très Chrétienne et Britannique.

ARTICLE 7.

L'artillerie et les munitions
de guerre seront remises de
bonne foi et en sera dressé in-
ventaire.

ARTICLE 7.

Accordé.

ARTICLE 8.

Qu'il en sera usé envers les
blessés, malades, commissaires,
aumôniers, médecins, chirur-
giens, apothicaires et autres
personnes employées aux hôpitaux conformément au traité
d'échange du 6 février 1759
convenu entre Leurs Majestés
Très Chrétienne et Britannique.

ARTICLE 8.

Accordé.

ARTICLE 9.

Que avant de livrer les postes aux troupes de Sa Majesté Britannique il sera envoyé des gardes et sauvegardes aux endroits expliqués ci-dessus.

ARTICLE 9.

Accordé.

ARTICLE 10.

Qu'il sera permis au lieutenant de roi, commandant dans la ville de Québec, d'envoyer informer M. le marquis de Vaudreuil, gouverneur général, de la reddition de la place ; comme aussi que ce général pourra écrire au ministre de France pour l'en informer.

ARTICLE 10.

Accordé.

ARTICLE 11.

Que la présente capitulation sera exécutée suivant sa teneur sans qu'elle puisse être sujette à inexécution sous prétexte de représailles ou d'une inexécution précédente.

ARTICLE 11.

Accordé.

Fait et arrêté à Québec le 18 septembre 1759.

P. M. TOWSEND.

ETAT DE LA PERTE DU 13 SEPTEMBRE.

M. de Montcalm, lieutenant général, commandant-en-chef ;
Le sieur de Sénezergues, brigadier et lieutenant-colonel de la Sarre ;
Le sieur de Fontbrune, lieutenant-colonel de Guyenne.

Régiments	Officiers tués.	Soldats.	Officiers prisonniers du 13 ou pris à l'hôpital de Québec.	Soldats et comprenant les passés en France.	Officiers de la garnison de Québec ou passés en France.	Total des Soldats	Total des Officiers qui manquent.	Officiers blessés présents.
La Sarre	Sénezergues Bourniot, lieutenant.	33	La Ferté, cap. B., Savornin, cap. B., Lenoir, lieut. B., Laubanis, lieut. B.	89	Lestang, cap. Flavrian, lieut.	128	8 dont 2 morts.	Desperiés, lieut. Paonnet, lieut. Laubanis, lieut.
Royal-Roussillon.		9	Bellecombe, aide-major. De Brau, lieut. B. Palembert, cap B.	71	d'Oreillan, cap. de Fontaine, lieut.	8	5	

Languedoc	Marillac, cap.	41	Matissart, cap. Castes, lieut. B.	56	Parfourus, cap. Courcy, lieut. d'Arènes, lieut. estrop. Jeannès, aide-major.	97	7 dont 1 mort.	Vaudray
Guyenne	Fourbonne. Cornier, cap. de Grave, cap. Restaurand, lt. Dupont, lieut. Fouquet, lieut.	23	Darlens, cap. C. Chambeau, cap d'Artigues, C.B Toyon, lieut.	64	Bigat, cap. Dumesnil, lieutenant.	87	12 dont 6 morts	Bousquet, cap. Chabert, lieut.
Béarn	Kerieus, cap. Maubeuge, cap	31	Jourdeau, cap. Figneris, lieut. Tourville, cap. lieut.	72	Daubrespi. Cusson.	103	7 dont 2 morts.	Barot, cap.
La Marine	La Périère, cap Saint-Ours, cap		Beaucour, cap. Ligneris, cap.					

Les ennemis ont perdu M. Wolf, le général, et environ six à huit cents officiers ou soldats, tant tués que blessés. M. Monckton, commandant en second, fut blessé.

LE 20

On régla que le lendemain M. de Repentigny resteroit avec quatre cents hommes au pont du haut de la Rivière du Cap Rouge ; que M. de Bougainville se replieroit au Calvaire de la paroisse de Saint-Augustin et fourniroit un détachement au bas de ladite rivière, et que l'armée se porteroit à la Pointe-aux-Trembles.

LE 21

L'armée arriva à la Pointe-aux-Trembles.

LE 22 ET LE 23

Elle séjourna : on écrivit à la cour par M. de Joanne, aide-major du régiment de Languedoc, qui se trouvoit de la garnison prisonnière de guerre de Québec. La désertion des habitants continuoit toujours étant bien difficile de l'arrêter dans la circonstance où l'on étoit. On apprit que les ennemis travailloient à établir de l'artillerie dans la ville.

LE 24

L'armée se retira à Jacques Cartier, M. de Bougainville à la Pointe-aux-Trembles, le détachement du bas de la rivière du Cap Rouge au Calvaire. On plaça les troupes le plus à portée qu'il fut possible pour pouvoir travailler à la construction du fort; on envoya les régiments de Royal-Roussillon et Guyenne dans la plaine de Dechambeau pour empêcher le débarquement dans cette partie et assurer notre communication avec les Trois-Rivières.

LE 25

On eut nouvelle que deux frégates angloises s'étoient avancées jusqu'à Saint-Augustin.

LE 26

On renvoya beaucoup de malades; la plus grande partie des sauvages se retirèrent; on aperçut le matin deux berges qui descendoient, étant venues reconnoître au point du jour.

LE 27

On continua à renvoyer les malades. On aperçut le matin quatre berges qui étoient venues reconnoître.

LE 28

On avoit envoyé la veille M. de Céloron, officier

des troupes de la Marine, avec cinquante hommes au sud du fleuve Saint-Laurent; il rendit compte que les ennemis avoient un poste à l'église de Saint-Antoine; et le capitaine de cette paroisse vint rendre compte que les Anglois étoient venus au nombre de quatre cents hommes pour les désarmer.

Le 29

On commença de travailler au fort. On apprit qu'on avoit arrêté à la Présentation un officier anglois avec son détachement; qu'il étoit parti le 26 de la Rivière aux Sables et qu'il comptoit aller à Choagen; il étoit porteur de lettres du général Amherst au général Gages, qui lui mandoit qu'il alloit faire un mouvement, qu'il eût à en faire autant; qu'il avoit un brigantin de prêt sur le lac Champlain.

On fit un prisonnier près de la ville et l'on apprit que les Anglois travailloient à approvisionner Québec.

Le 30

M. de Vaudreuil et Monsieur l'Intendant partirent pour aller à Montréal.

Le 1ᵉʳ octobre

On apprit que les Anglois avoient fait entrer une partie de leur armée dans la ville.

LE 2

Rien de nouveau.

Les Anglois, après plusieurs conseils dans le mois précédent, s'étant déterminés à hiverner à Québec, malgré tous les événements qui pouvoient en résulter, firent leurs préparatifs en conséquence.

Pendant ce mois le général Anglois fit pressentir au commissaire Bernier que nous avions chez eux, qu'il seroit possible de faire une trève pour l'hiver ; qu'on auroit un envoyé de part et d'autre.

Cette suspension d'armes parut avantageuse, dans la situation où nous étions ; et il n'est pas douteux que sans la ferme obstination où fut toujours M. le chevalier de Lévis contre cette proposition on l'auroit acceptée.

Il auroit été humiliant dans la situation où nous nous trouvions d'accepter pareille trève, qui auroit été regardée comme un pourparler pour entrer en capitulation, annoncer notre empressement et notre foiblesse, et n'auroit servi par le commerce qu'on auroit fait avec les ennemis qu'à disposer les habitants à se rendre sans coup férir et à tirer des subsistances du pays.

LE 3

M. le chevalier de Lévis apprit qu'on avoit eu connoissance, le 23 du mois dernier, qu'un parti ennemi

d'environ trois cent soixante hommes avoit débarqué à l'abbaye de Mississicoux. Il ne douta point qu'il n'eût en vue de brûler le village de Saint-François pour punir les sauvages de ce village d'avoir arrêté les officiers et sauvages qu'ils leur avoient envoyés en parole pour leur proposer d'être neutres. M. de Bourlamaque lui mandoit qu'il en avoit informé sur le champ M. de Vaudreuil pour qu'il avertît le village de Saint-François et fit marcher à la rencontre de ce parti, et qu'il alloit faire embusquer un détachement au lieu où ils avoient laissé leurs berges. Toutes ces précautions furent de nul effet ; on avertit simplement les sauvages sans leur envoyer quelqu'un. Ils se contentèrent d'envoyer une découverte au-devant. M. le chevalier de Lévis, en apprenant cette nouvelle, écrivit à M. de Longueuil pour faire un détachement vers cette partie et qu'il falloit tout mettre en usage pour prévenir les desseins de celui des ennemis ; mais il étoit trop tard. On apprit que, le 5 au matin, les ennemis ayant surpris les sauvages au point du jour avoient mis le feu au village et avoient tué quelques sauvages, femmes et enfants, et emmené quelques prisonniers. On fut longtemps à envoyer à la poursuite de ce détachement. Les sauvages y furent, mais tard et cependant ils rencontrèrent une partie de ce détachement qu'ils écharpèrent.

Le 6

On fit ramasser des bateaux qu'on avoit abandonnés. Les habitants du gouvernement de Québec paroissoient s'accommoder du gouvernement anglois.

LE 9

M. le chevalier de Lévis fut reconnoître la rive du fleuve opposée à celle de Jacques Cartier pour voir s'il seroit possible d'y établir un poste ou un fort.

LE 10

On amena un garde de la marine et un chirurgien anglois pris à Beauport, près de Québec.

LES 12, 13 ET 14

Il fit un vent affreux, les Anglois souffroient beaucoup dans la rade de Québec.

LE 15

Sur l'examen qu'on fit des vivres, on vit qu'on n'en avoit que jusqu'au 24.

LE 16

Il fut envoyé des ordres au sieur Céloron, qui étoit avec cinquante hommes aux paroisses du sud, de brûler tout le bois coupé de chauffage qu'il rencontreroit jusqu'à la Pointe de Lévis.

15

Le 18

On reçut un courrier de Montréal qui apprenoit que le 13, les chébecs avoient été surpris et que, à l'entrée de la nuit, ils s'étoient échoués et que les équipages étoient revenus par terre. Ils furent même si mal que les Anglois les relevèrent tous par la suite. La goëlette commandée par un habitant, quoique poursuivie par le brigantin dont il a été parlé ci-devant, se sauva. Les prisonniers anglois qu'on fit sur le lac Champlain annoncèrent l'armée ennemie, ce qui donna l'alarme à Montréal; on commanda les habitants, qui étoient si excédés de fatigue que peu se trouvèrent en état de marcher.

Le 19

M. le chevalier de Lévis fit passer la revue aux régiments de Royal-Roussillon et Guyenne; il revint l'après-midi, reçut un courrier de M. de Vaudreuil qui lui manda qu'il n'avoit par reçu de nouvelles de M. de Bourlamaque depuis la veille, mais qu'on avoit entendu tirer du canon. Comme il ne doutoit pas d'être attaqué dans cette partie et qu'il savoit bien que M. de Lévis le connoissoit parfaitement, il lui manda que s'il y croyoit sa présence nécessaire, il eût à venir tout de suite et de remettre alors le commandement de l'armée à qui il voudroit.

M. le chevalier de Lévis, sur les premières nouvelles, avoit fait partir le bataillon des milices de la
ville de Montréal et nombre de milices de ce gouvernement; et, sur ladite lettre il fit partir les régiments
de Royal-Roussillon et Guyenne, le 25, et manda à
M. de Vaudreuil qu'il lui envoyoit tout le secours
qu'il désiroit; qu'à l'égard de sa personne, il lui obser-
voit qu'elle étoit encore utile dans cette partie, où,
avec le peu de force qu'il y restoit, si l'ennemi apprenoit son départ et venoit à faire un mouvement, il
feroit tomber notre établissement commencé à Jacques
Cartier et dévasteroit la plus grande partie du gouvernement des Trois-Rivières; qu'il ne savoit d'ailleurs à qui donner la préférence pour le commandement; qu'il ne croyoit pas possible aux ennemis dans
la saison où nous étions de pénétrer dans la colonie,
laissant l'Ile-aux-Noix derrière eux et n'ayant nulle
communication par eau, ni qu'ils pussent s'emparer
de ladite île; que d'ailleurs, après ces réflexions s'il
jugeoit à propos qu'il y fût il n'avoit qu'à lui faire
passer ses ordres.

LE 20

Il fit partir un détachement de milices aux ordres
de M. de Niverville et peu de jours après il renvoya
tout le reste.

LE 22

Il donna ordre au sieur de Bougainville de faire un

détachement en avant du côté de Québec pour faciliter l'enlèvement des bœufs qui étoient autour de cette ville, ce qui s'exécuta le même jour.

LE 24

On reçut un courrier de Montréal qui nous apprit qu'on avoit eu nouvelle que l'armée des ennemis étoit partie le 10 de Saint-Frédéric, et, plus particulièrement, que nos chébecs, ayant eu connoissance d'une avant-garde le 12, furent au-devant, la canonnèrent, coulèrent bas quelques berges et firent des prisonniers. Les chébecs, sur le soir, aperçurent par le travers des Iles-au-Bois-Blanc un brigantin anglois, qu'on disoit porter vingt-deux pièces de 18, et des bateaux portant chacun deux canons de 24. Les chébecs, malgré le calme et qu'il fût cinq heures du soir coupèrent leurs mâts et s'échouèrent, et l'équipage revint par terre. La goëlette fut chassée, mais elle rentra. M. de Bourlamaque fit, le 15, ses dispositions de descente. Le 19 et le 20, il manda avoir connoissance des ennemis, que ses découvertes avoient été poursuivies par des berges angloises et qu'on avoit entendu le soir le canon de retraite.

LE 27

On apprit que l'armée du général Amherst n'avoit pas encore été connue positivement le 22, mais que les découvreurs avoient entendu bûcher au nord, à une lieue au-dessus de l'île et qu'ils avoient vu le brigantin et un senau mouiller; qu'on avoit vu une vingtaine de berges dans la baie de Mississicoux. On craignoit beaucoup que les ennemis, en débarquant dans ladite baie et faisant portage dans la rivière du sud, qui vient toucher au-dessous de l'Ile-aux-Noix, ne pénétrassent sans attaquer l'île. L'on craignoit dans le même temps que l'armée du lac Ontario ne descendît les Rapides. La consternation étoit générale dans la colonie; les habitants, qui étoient retournés chez eux après l'affaire de Québec et qu'on avoit renvoyés, s'excusoient de marcher, disant qu'ils étoient malades.

LE 28

On replia les piquets et grenadiers de Béarn qui étoient à la Pointe-aux-Trembles, et l'on apprit ce même jour que tous les derniers navires anglois étoient partis; qu'il n'y restoit pour l'hivernement qu'une frégate de douze canons et une bombarde.

LE 29

On fit partir le régiment de Béarn.

LE 30

On apprit que le mouvement des ennemis sur le lac

Champlain s'étoit borné à un gros détachement qui, à la faveur de leur marine, s'étoit avancé jusqu'à l'entrée de la rivière, l'armée n'ayant pas passé au milieu du lac.

Il y avoit eu pendant tout le mois beaucoup de pourparlers avec les ennemis au sujet des malades et blessés qu'ils avoient trouvés à l'hôpital général le 13 septembre, lesquels ils ne voulurent point rendre ainsi qu'ils le devoient par l'article 27 d'échange, persistant à les garder comme prisonniers. Ils en embarquèrent quelques-uns et laissèrent les autres aux environs de Québec. On discuta aussi la promesse qu'ils avoient faite par la capitulation de rendre tous les équipages des prisonniers qui étoient dans l'armée. On y envoya des goëlettes pour les prendre; ils les rendirent de mauvaise grâce.

Novembre

Ils laissèrent sortir plusieurs particuliers avec leurs effets; plusieurs négociants étoient entrés en pourparlers avec les Anglois pour avoir permission de passer avec des navires françois. M. de Vaudreuil toléroit d'abord ces négociations et avoit accordé des permissions; mais sur les représentations de M. le chevalier de Lévis qu'il n'étoit pas décent de compromettre ainsi des bâtiments qui étoient armés, qu'ils désarmeroient sûrement en passant, et qu'on ne devoit pas approuver que des sujets du Roi traitassent avec les ennemis, M. de Vaudreuil donna des ordres pour faire cesser ces négociations.

Il n'est pas douteux que sans les fermes représentations que fit M. le chevalier de Lévis à M. de Vaudreuil qui les fit changer et retirer les permissions qu'il avoit données, on auroit été rançonné à Québec pour tous les navires qui étoient en rivière, dont presque tous avoient des commissions de guerre, bien armés et, parmi le nombre, plusieurs frégates. Les ennemis n'eussent pas manqué, arrivés à Québec, où ils les auroient obligés de mouiller sous prétexte de voir s'ils portoient quelque chose de suspect, de les désarmer et leur ôter toutes les munitions de guerre; ce qui auroit été regardé comme un jeu où ils nous auroient forcés.

On travailla pendant le reste du mois d'octobre au fort projeté à l'Ile-aux-Noix.

Pendant tout ledit mois, on travailla au fort Levis et il ne se passa rien de nouveau dans cette partie.

La flotte du munitionnaire étant destinée pour repasser en France, fut préparée et mise en état. Les deux frégates du Roi furent destinées avec deux autres navires à hiverner en Canada; on les envoya à Sorrel. On disposa les quartiers pour les bataillons; ils devoient être : pour la Reine, la Rivière Chambly; Guyenne, de Sorrel à Varenne; et Royal-Roussillon, de Boucherville à la Prairie; le régiment de Béarn dans l'Ile de Montréal; celui de la Sarre à l'Ile Jésus; les deux de Berry, de Terrebonne à Berthier; et Languedoc dans le gouvernement des Trois-Rivières ; les soldats de la colonie devoient être à Montréal, Québec ou environs.

Il fut réglé, pour les garnisons, qu'on laisseroit au fort Lévis trois cents hommes de troupes de la Marine aux ordres du sieur Désandroins, ingénieur ;

A l'Ile-aux-Noix, cent hommes de troupes de terre et trois cents de la Marine aux ordres du sieur de Lusignan, capitaine des troupes de la Marine ;

A Saint-Jean, cent cinquante de troupes de terre et cent cinquante de la Marine, commandés par le plus ancien capitaine ;

A Jacques Cartier, cent cinquante de troupes de terre et quatre cents cinquante de la Marine aux ordres du sieur Dumas, major-général des troupes de la Marine, duquel nombre il devoit en détacher deux à trois cents à la Pointe-aux-Trembles aux ordres de M. de Repentigny, capitaine des troupes de la Marine.

Les ennemis laissèrent dans Québec pour garnison, les régiments suivants :

GARNISON DE QUÉBEC

Régiments.	Bataillons.	Etat de la composition desdits régiments, s'ils étoient complets.	Etat de leurs forces effectives, supposé au plus fort sur différentes dépositions	Etat de leur force, supposé au plus foible.
Amherst.	1	700 hommes	600 hommes	500 hommes
Kennedy.	1	700 "	600 "	500 "
Webb.	1	1000 "	700 "	600 "
Breigs.	1	1000 "	700 "	600 "
Leisceils.	1	600 "	500 "	400 "
Blakels.	1	600 "	400 "	400 "
Roy.-Amér.	2	2000 "	800 "	700 "
Ecossois.	1	1400 "	900 "	850 "
Alloway.	1	1000 "	500 "	450 "
Artillerie.	1	500 "	500 "	350 "
Rangers.	1	400 "	300 "	200 "
Matelots.	1	100 "	50 "	50 "
	10	10000 hommes.	6550	5600

On avoit traité pendant l'été avec le général Amhert pour l'échange des prisonniers, mais on n'avoit rien fini à ce sujet ; M. de Vaudreuil lui écrivit à la fin de la campagne, et, dans le commencement du mois de novembre, nous fîmes partir tous les prisonniers que nous avions à eux.

M. le chevalier de Lévis disposa dans le commencement de novembre toutes choses pour la défense de la partie de Jacques Cartier. Depuis plus d'un mois et demi l'armée qui étoit sous ses ordres ne subsistoit que du jour à la journée, s'étant vu plusieurs fois à la veille de tout licencier faute de vivres. Les soins qu'il se donna et les ressources qu'il trouva le garantirent de cette manœuvre qui nous auroit privé du poste de Jacques Cartier et de la plus grande partie du gouvernement des Trois-Rivières. Le 7 du mois, il fit partir le régiment de la Sarre pour aller dans ses quartiers, fit ses expéditions pour la cour et partit le 10 au matin pour Montréal, remit en passant aux Grondines ses paquets sur les navires du munitionnaire et arriva le 14 à Montréal.

Ce fut le sieur Le Mercier, commandant de l'artillerie, qui fut choisi par MM. le marquis de Vaudreuil et le chevalier de Lévis, pour porter leurs dépêches à la cour, comme étant très instruit de l'état actuel de la colonie et en état de rendre compte des moyens de la soutenir avec le secours qu'il plairoit au Roi d'y envoyer.

Les navires du munitionnaire devoient partir du 12 au 15, ils furent retardés jusqu'au 22 par les expéditions de M. de Vaudreuil. Ils descendirent jusqu'à trois lieues de Québec pour être à portée de tenter le passage sous la ville; un coup de vent les prit à ce mouillage. Au lieu d'appareiller, ils voulurent se défendre contre le mauvais temps; il y eut trois frégates et un autre bâtiment qui échouèrent et se perdirent, et, deux jours après, en descendant, les ennemis envoyèrent une goëlette armée pour mettre le feu à ces bâtiments. Le feu ayant pris à un pendant qu'ils y étoient, ils sautèrent et les Anglois y perdirent une vingtaine d'hommes.

Le sieur Canon qui commandoit les navires résolut d'enlever la goëlette. Il envoya sa chaloupe suivie du canot avec son second qui l'abordèrent malgré le feu de l'ennemi et la prirent. Des autres bâtiments, il y en eut un qui se perdit en descendant; les autres passèrent sous le feu de la place sans accident. On eut de leurs nouvelles, à la fin du mois, du bas de la rivière, qu'ils faisoient favorablement route.

L'armée de l'Ile-aux-Noix ne put se retirer que vers la fin du mois pour finir les bâtiments du fort.

Le chevalier de la Corne arriva aussi dans ce temps des Galots avec son détachement.

M. le chevalier de Lévis avoit en vue de tenir un gros détachement de sauvages coureurs de bois pendant tout l'hiver dans le bois de la Jeune Lorette, d'où ils auroient fait des courses continuelles aux environs de Québec pour empêcher les ennemis de faire du bois et les tenir en alerte; mais on lui représenta qu'à peine avoit-on des vivres pour faire vivre les garnisons.

Il présenta un mémoire à M. de Vaudreuil, à la fin de ce mois dont l'objet étoit qu'il falloit chercher à connoître les facultés de la colonie pour la soutenir pendant l'hiver et la défendre au printemps et en retarder la perte le plus qu'il seroit possible, qu'il falloit à bonne heure faire usage de tous les moyens et qu'en retardant, les obstacles se multiplioient.

Que, quoique la garnison de Québec fût à l'abri d'insulte, il falloit faire faire les dispositions pour l'attaquer pendant l'hiver, et qu'il pouvoit arriver des événements qui nous en faciliteroient l'exécution, si nous étions prêts;

Que si l'ennemi arrivoit au printemps avec une flotte, notre défense seroit difficile et qu'il falloit analyser ce que l'ennemi pouvoit faire, les circonstances où nous pouvions nous trouver, et voir d'avance les partis qu'il y auroit à prendre; que, dans toutes ces circonstances, une défense opiniâtre de notre part ne pouvoit être qu'avantageuse à l'État en occupant les forces des ennemis dans cette partie, et qu'elle feroit honneur à nos armes; qu'il falloit aviser si, à la dernière extrémité, il ne nous seroit pas possible de passer avec l'élite des troupes à la Louisiane.

DÉCEMBRE

Pendant le mois de décembre on fit des préparatifs pour la prise de Québec pendant l'hiver; nos prisonniers arrivèrent vers la fin du mois; nous apprîmes par eux que les ennemis avoient laissé de fortes garnisons à Saint-Frédéric et Carillon.

Le sieur Legris, habitant du Canada, arriva dans ce mois et nous informa que nous avions à Gaspé un gros navire de trente pièces de canon qui partit de France au mois d'août. Ce navire remontoit la rivière au mois d'octobre. Il rencontra par un mauvais temps

une goëlette angloise qui descendoit. L'ayant appro-
chée et mis quelques hommes dedans pour la conduire et ayant appris que Québec étoit pris, il revira
de bord pour aller à Gaspé et dit à la prise de l'y
suivre; mais, ayant resté quelque temps à Gaspé, où
il attendoit sa prise pour questionner l'équipage
anglois, et ne la voyant point arriver, il envoya sa
chaloupe pour aller jusqu'aux premières habitations
prendre langue. Cette chaloupe ayant trouvé dans une
anse une goëlette angloise au mouillage et la croyant
françoise, (les matelots) s'en approchèrent et de loin
crièrent pour demander quelle nation. Le sieur Legris
qui avoit été fait prisonnier et qui étoit renvoyé à la
Nouvelle-Angleterre sur cette goëlette, ayant connu la
voix d'un de ceux de la chaloupe, leur cria d'aborder,
ce qu'ils firent, et la goëlette se rendit. Ils la menèrent
à Gaspé, d'où les glaces les avoient empêchés alors de
sortir. Le capitaine renvoya ledit Legris pour informer de sa situation et qu'il avoit des paquets de la
cour. On le renvoya pour chercher lesdits paquets et
pour encourager le navire de faire l'impossible pour
arriver à bonne heure.

1760

En janvier, on continua à faire lesdits préparatifs,
ayant résolu de tenter l'entreprise. On fit faire nombre d'échelles et tout ce qui étoit nécessaire pour cette
expédition. La partie la plus difficile étoit les vivres.

On espéroit d'en pouvoir ramasser assez; il fut
ordonné aux habitants d'en préparer pour un mois
pour eux et les soldats. La garnison du fort Lévis se
trouvant en détresse par ce défaut, on fit descendre
près des deux tiers de la garnison.

Il avoit été proposé au commencement de l'hiver
de tirer des vivres des paroisses du sud au-dessus de
Québec. Le temps le plus favorable étoit celui où les
glaces charrient parce qu'on ne peut passer que très
difficilement la rivière. On retarda comptant qu'on
feroit cette expédition à peu près dans le même temps
qu'on marcheroit à Québec, comptant d'ailleurs que
la rivière ne gèleroit point vis-à-vis la ville, on fit
partir à la fin du mois le sieur de Saint-Martin avec
un détachement de quatre cents hommes pour se porter à la Pointe de Lévis vis-à-vis Québec, pour empêcher les ennemis de traverser en bateau dans le temps
qu'on feroit monter tous les vivres qu'on comptoit
tirer de cette partie.

Les grands froids ayant empêché les moulins d'aller, retardèrent l'expédition projetée qu'on comptoit
de faire au commencement du mois suivant.

A la fin du mois, un parti de nos sauvages fit quelques prisonniers entre les forts de Carillon et Saint-
Frédéric, desquels nous n'apprîmes pas grandes nouvelles.

Il arriva dans ce mois des courriers de l'Acadie
pour demander des vivres; nous n'apprîmes rien de
particulier de cette partie.

Au commencement de février, la rivière ayant pris vis-à-vis Québec, les ennemis marchèrent en force sur le sieur de Saint-Martin, qui fusilla pendant quelque temps, mais, cédant au nombre, se retira au travers des bois et passa la Rivière du Saut de la Chaudière, ayant perdu une quinzaine d'hommes et un officier qui avoit été pris. Le sieur Dumas, qui commandoit sur cette frontière fit marcher du monde vers cette partie pour la soutenir, mais après l'avoir renforcée, il laissa le sieur de Saint-Martin sur les bords de cette rivière pour la défendre. Les ennemis ayant envoyé, peu de jours après, un détachement d'environ cinquante hommes pour le reconnoître, il en eut avis, passa la rivière, s'embusqu'à et les attaqua ; il en tua beaucoup, fit quelques prisonniers et dispersa le reste.

L'expédition qui devoit se faire pour tirer des vivres d'au-dessous de Québec, ne put pas avoir lieu à cause de la grande gelée et que les moulins n'alloient pas. Les ennemis se retirèrent, après avoir été suivis par le détachement de M. de Saint-Martin, et laissèrent un poste à l'église de la paroisse de la Pointe de Lévis. On crut qu'il étoit possible de les chasser de ce poste ; on voulut retenter de nouveau. M. de Bourlamaque devoit se porter sur cette frontière. On fit marcher du monde du gouvernement des Trois-Rivières. Il devoit faciliter cette expédition par des mouvements qu'il devoit faire aux environs de la place. Mais M. Dumas, dès que le monde fut rassemblé, forma un détachement plus fort au sieur Saint-Martin et l'envoya se poster à la portée de la ville pour leur ôter la communication avec le poste qu'ils avoient à l'église de la Pointe de Lévis. Les ennemis firent une sortie considérable ; son détachement regagna le bois et ladite rivière ; il eut quelques traîneurs pris. M. de Bourlamaque arriva dans ce temps, et repartit peu de jours après pour Montréal, voyant l'impossibilité qu'il y avoit de rien entreprendre sur les postes des ennemis. Après cette expédition, les ennemis brûlèrent une trentaine de maisons à la Pointe de Lévis et cinq ou six à Sainte-Foi.

M. de Lévis avait résolu de tenter dans ce mois une attaque de vive force sur Québec, et préparé tout ce qui étoit nécessaire à ce sujet, fait l'ordre de marche qui est à la fin de ce livre ; mais par le manque de vivres et les mouvements qu'on fut obligé de faire dans ce mois, on détermina, sur la difficulté des vivres, qu'il falloit remettre l'expédition de Québec au printemps. On travailla, en conséquence, à préparer tout ce qu'on pouvoit trouver. Notre artillerie propre à cette expédition consistoit en une pièce de 24, huit de 18, neuf de 12, huit de 8 à 6 et soixante milliers de poudre et des balles à proportion en faisant usage de tout.

Les Anglois eurent quelques maladies au commencement de l'hiver, firent des blockhaus à l'extérieur de la place. Ils avoient toujours des gardes considérables et envoyoient grand nombre de travailleurs au bois. Ils prirent de l'inquiétude de nos préparatifs d'hiver et travaillèrent en conséquence.

Vers la fin du mois on envoya ordre aux habitants d'apporter le mois de vivres qu'ils avoient préparés pour que le munitionnaire les rassemblât, attendu qu'on craignoit qu'ils ne fussent pas à même de les emporter et qu'ils les laissassent gâter.

Au commencement de mars, un parti qu'on envoyait vers Saint-Frédéric trouva sur son chemin des traces d'un parti ennemi et revint en avertir d'autres découvreurs qui le reconnurent à l'abbaye de Mississicoux. On le jugea d'environ trois cents hommes. On craignoit avec raison que ce parti ne vînt brûler les frégates à Sorrel. On prit quelques précautions vers cette partie, et on envoya des sauvages pour les reconnoître, mais on n'en retrouva aucune marque, ce qui fit croire qu'on s'étoit mépris.

Il arriva des courriers de l'Acadie pour la même susdite mission, qui étoit de demander un secours en vivres. Ils ne nous apprirent rien de particulier.

M. Pouchot fut envoyé au commencement du mois pour prendre le commandement du fort Lévis, et l'on fit descendre M. Désandroins.

Les Anglois construisirent un blockhaus plus haut que l'église de la Pointe de Lévis et y mirent du canon et ils y placèrent le poste qu'ils avoient à ladite église.

Vers le milieu du mois, ils firent quelques détachements vers la rivière du Cap Rouge pour nous donner

16

de l'inquiétude. Quelques jours après ils furent jusqu'à Saint-Augustin avec un corps de cinq à six cents hommes et brûlèrent un moulin à scie et un à farine.

Quelques jours après, ils revinrent, et, ayant surpris un de nos partis avancés, ils nous prirent une soixntaine d'hommes et se replièrent de même sur Québec.

Depuis cette expédition, on a appris par des espions qu'ils avoient en vue d'enlever nos postes de la Pointe-aux-Trembles et même de venir à Jacques Cartier. On crut avoir découvert des pistes dans les bois. On craignoit qu'ils ne nous tournassent. L'inquiétude fut grande ; tantôt on venoit dire qu'ils ne marchoient plus et tantôt qu'ils marchoient avec un train d'artillerie. On fit marcher du monde du gouvernement des Trois-Rivières et un détachement de deux cent vingt-cinq hommes du régiment de Languedoc.

Les milices du gouvernement des Trois-Rivières et des environs avoient marché depuis le commencement du mois dernier plusieurs fois, ce qui les avoit fatiguées et avoit dérangé nos travaux pour les préparatifs du siège de Québec et avoit aussi consommé beaucoup de vivres principalement du bœuf, dont nous manquions le plus dans ce temps, attendu le peu qu'il en restoit dans la colonie et leur extrême maigreur, ce qui est d'usage dans le printemps, attendu qu'on donne très peu à manger l'hiver aux bêtes à cornes n'ayant pas de fourrage, surtout cette année, pour les chevaux.

On fit les rôles des miliciens qui devoient marcher, chaque bataillon devoit se charger de ceux des quartiers où ils étoient. M. de Vaudreuil envoya les ordres en conséquence aux capitaines de milice, et M. le chevalier de Lévis en envoya aussi aux commandants des bataillons, en leur envoyant les rôles desdits habitants et leur prescrivant par les instructions ci-après les ordres qu'ils avoient à donner aux officiers qui commandoient dans les quartiers et de leur rendre compte ensuite de la situation des choses.

* * *

Instruction concernant les dispositions et ordre de bataille que doivent suivre toutes les troupes.

ARTICLE 1er

Le peu d'officiers qui nous restent, étant d'ailleurs obligés d'en tirer quelques-uns pour commander le corps de milice qui sera attaché à chaque bataillon ou ceux qui seront détachés ou employés hors du corps, ne nous permettent pas de faire former nos bataillons par douze divisions, attendu qu'il s'en trouveroit plusieurs sans officiers et même sans sergents.

En conséquence, sans rien déranger à l'ordre du campement, les deux compagnies qui forment le peloton n'en formeront qu'une en se mettant en bataille, et chaque manche ne formera qu'un peloton ; moyennant cet ordre, on n'aura que six divisions et on ne pourra se rompre que par sixième, par tiers ou demie.

ARTICLE 2

Ayant prévenu que chaque manche sera formée comme un peloton, les officiers et sergents des deux compagnies de la droite de la manche passeront à la droite et ceux des deux de la gauche à la gauche, excepté le second capitaine qui passera derrière avec deux sergents ou un au moins avec un caporal pour être de serrefile.

ARTICLE 3

Les signaux pour rompre seront les mêmes, excepté ceux des sections qui sont supprimés.

ARTICLE 4

Toutes les fois qu'on se met en bataille il faut que chaque peloton masque ses files pour les doubler et se mettre à six de hauteur lorsqu'il en sera question ; il est essentiel que le soldat connoisse cette manœuvre pour l'exécuter sans confusion.

ARTICLE 5

On doit prévenir les soldats que, lorsque celui qui

est devant eux dans la même file manque sans autre ordre, ils doivent changer de rang et prendre sa place.

ARTICLE 6

La force de l'infanterie consiste dans la discipline et l'ordre. Messieurs les commandants des corps et officiers en général doivent donner leurs attentions et applications pour mettre en vigueur ces deux points, malheureusement trop négligés dans nos troupes ; ils doivent souvent inspirer aux soldats que la victoire et leur sûreté en dépendent ; que toute troupe dispersée est presque toujours battue et souvent détruite ; qu'ils doivent être attentifs, faire silence et se posséder pour exécuter les ordres de ceux qui les commandent, ne faire feu que sur leur ordre, quand bien même ils verraient tirer partout ; leur inspirer que, pour leur honneur, la gloire des armes et le salut du pays, qu'ils doivent chercher à réparer la perte du 13 septembre et se souvenir que ce sont les mêmes ennemis qu'ils ont eu à combattre à Choagen, au fort George et à Carillon.

ARTICLE 7

Lorsqu'on marchera aux ennemis, il faut y marcher avec tout l'ordre possible, et, lorsqu'on en sera à quarante ou cinquante pas, il faudra marcher le plus vite qu'il sera possible pour augmenter le choc.

ARTICLE 8

Lorsqu'un bataillon, une brigade ou plusieurs seront dans le cas de se mettre en colonne pour attaquer l'ennemi, soit à l'ordre, lorsqu'ils en recevront, ou au signal prescrit dans l'ordonnance qui est deux coups de baguettes suivi d'un roulement et ensuite l'assemblée, chaque bataillon se formera sur trois divisions, excepté Berry et la Marine qui en auront quatre, faisant marcher la première et suivre par les suivantes.

Les grenadiers se porteront à la tête de la colonne et les piquets chacun à la queue de leur bataillon ; chaque bataillon ou brigade marcheront à leur rang.

ARTICLE 9

Lorsqu'on voudra charger l'ennemi, il faudra que les divisions et le piquet serrent sur les grenadiers pour ne faire qu'une masse ; et, lorsqu'on sera à quarante ou cinquante pas des ennemis, on augmentera la vitesse ainsi qu'il a été dit ci-dessus en attaquant en bataille.

ARTICLE 10

Les divisions du bataillon qui suit serreront de même, mais garderont une petite distance pour pouvoir dédoubler la colonne et former une seconde attaque, si le cas y échéoit, ou appuyeront, s'il en est nécessaire.

ARTICLE 11

Le régiment de Berry conservera son ordre pour se former sur quatre pelotons ; les deux bataillons de la Marine doivent être formés dans le même ordre. Ces deux brigades formeront la colonne pour quatre divisions au lieu de trois.

On exercera le plus qu'il sera possible les soldats à connoître l'ordre qu'ils doivent tenir dans le bataillon, et à se former d'eux-mêmes, chose absolument nécessaire. Ce n'est que par cette habitude qu'on peut parvenir à se rallier et former promptement. Il faudroit habituer les soldats à cette manœuvre et infliger une punition à ceux qui ne seroient pas formés dans tant d'intervalle, ou à ceux qui seront les derniers placés.

ARTICLE 12

En entrant en campagne, on égalisera toutes les compagnies ; les soldats qui auront été placés dans celles qui seront foibles en sortiront pour rentrer à leurs compagnies, lorsqu'on aura des recrues pour les remplacer, ou au plus tard à la fin de la campagne. Les soldats qui seront estropiés ou convalescents, hors d'état de pouvoir servir en campagne, ni les absents, ne seront point comptés dans cette égalisation.

A Montréal le... ....

MILICES

*Instructions concernant l'ordre dans lequel les milices atta-
chées à chaque bataillon seront formées pour camper et
servir pendant la campagne.*

ARTICLE 1er

Il sera formé, des milices attachées à chaque bataillon, trois compagnies plus ou moins fortes, d'un seul
ou plusieurs détachements tirés des compagnies de
milices, sans qu'on puisse les séparer sous prétexte
d'égaliser lesdites compagnies.

ARTICLE 2

Il sera choisi dans chaque bataillon, pour commander ledit corps de milice, le capitaine qui sera le plus
propre à ce détail et à mener les habitants avec douceur, et trois lieutenants pour commander lesdites
compagnies. On prendra, pour faire les fonctions de
lieutenant, des officiers de milices ou des sergents. On
fera de même deux sergents par compagnie pris dans
ledit corps ou des soldats capables pour exercer cet
emploi.

ARTICLE 3

Il sera nommé un chef à chaque ordinaire, qu'on

appellera brigadier au lieu de caporal, et l'on numérotera les miliciens par 1, 2, 3 etc., en leur faisant prendre leur rang, pour faire le service, commander à leur tour ceux de l'ordinaire et en faire le détail en l'absence du brigadier, lequel jouira du même droit dont jouissent les caporaux dans l'infanterie, et sera obligé aux même devoirs soit pour le service ou le détail de l'ordinaire.

Les sergents auront la même autorité sur les brigadiers et miliciens qu'ont les sergents dans les bataillons.

ARTICLE 4

Ces trois compagnies camperont ensemble à la droite ou à la gauche du bataillon, suivant le rang qu'il aura dans la brigade.

ARTICLE 5

Les sergents et brigadiers de semaine iront à l'ordre au cercle du bataillon où ils seront admis. Il y aura un des trois lieutenants qui sera chargé de s'y trouver et du détail de la dite milice, lequel, après que le mot aura été donné, formera un cercle particulier pour expliquer plus particulièrement tout ce qui concernera ledit corps et leur fera les instructions nécessaires ; il se fera aider au détail par un lieutenant et un sergent des trois compagnies.

ARTICLE 6

Il sera donné deux manteaux d'armes à chaque compagnie et un prélart à chaque ordinaire. Ces compagnies camperont sur la même ligne que le bataillon, chacune formant deux rangs avec leurs prélarts pour avoir entre deux une grande rue pour pouvoir s'y ranger sur deux haies et former deux pelotons.

ARTICLE 7

Lorsqu'il faudra se mettre en bataille, on exercera ces compagnies à se former comme l'infanterie, elles se mettront sur la même ligne que les troupes chacune sur deux divisions.

ARTICLE 8

Lorsqu'il faudra marcher en colonne, elles marcheront par compagnies ou par demi-compagnie à la tête de la brigade, et, lorsqu'il faudra se mettre en ordre de bataille pour combattre, elles se porteront en avant formant une première ligne, laissant d'une division à l'autre une distance égale pour occuper tout le front de la ligne.

ARTICLE 9

Lorsqu'elles seront ainsi formées, elles marcheront

en avant et chercheront à s'emparer des situations les plus avantageuses pour approcher au plus près et faire feu sur l'ennemi et le suivre de près, s'il se replie.

ARTICLE 10

Si elles sont repoussées, elles se rallieront dans les intervalles de la seconde ligne à la même hauteur des troupes et marcheront de nouveau à l'ennemi avec tout le corps de l'armée, redoublant le feu de leur mousqueterie jusqu'à ce qu'elles seront prêtes d'aborder l'ennemi ce qu'elles feront, après avoir mis leurs couteaux au bout du canon.

ARTICLE 11

Les compagnies de milice fourniront au service et corvées au prorata de leurs forces; leurs détachements seront assemblés séparément et menés ensuite à côté de ceux du bataillon avec lesquels elles devront marcher, par l'officier chargé d'en faire le détail.

ARTICLE 12

Le commandant du corps de la milice ainsi que le capitaine camperont derrière ce corps et sera chargé de rendre compte au commandant de bataillon.

ARTICLE 13

Il sera défendu de maltraiter les miliciens de parole ni autrement ; on les punira de la garde du camp et le commandant du bataillon en sera informé tout de suite et du sujet, lequel en rendra compte au général de l'armée, si la faute est grave pour qu'il en ordonne la punition.

ARTICLE 14

L'aide-major du bataillon sera chargé des distributions et de tous les détails des compagnies de milice qu'on traitera pour tout comme celles des bataillons.

ARTICLE 15

Le commandant du bataillon remettra au commandant de la milice les rôles des miliciens avec le nom de leurs compagnies et de leurs paroisses, lequel aura soin de marquer sur ledit rôle ce que deviendront lesdits miliciens pendant la campagne ; et, à mesure qu'il en manquera, il en rendra compte au commandant de bataillon, et ce dernier au général.

Le commandant de la milice fera donner aux capitaines les rôles de leur compagnie, et ces derniers en donneront un à leurs lieutenants et aux sergents pour qu'ils puissent faire exactement leurs appels et qu'ils connoissent leurs miliciens.

ARTICLE 16

Les officiers desdites compagnies en feront eux-mêmes l'appel matin et soir, chacun à leur tour, et verront si les armes et munitions sont en bon état, si les ordinaires sont réglés et s'ils sont proprement dans leur camp.

ARTICLE 17

Le commandant de ce corps doit s'appliquer à traiter avec douceur lesdits miliciens, leur faire connoître avec patience l'ordre et la discipline qu'ils doivent suivre, leur faire ménager leurs vivres et munitions, avoir soin de leurs armes; qu'ils fassent ordinaire; les accoutumer à l'exactitude des appels, et à faire le service chacun à leur tour, dans le même ordre que les troupes, afin qu'il n'en marche pas deux d'un ordinaire que tous les autres n'en aient fourni un; et, lorsqu'il se trouvera des ordinaires plus forts on les coulera à fond avant que de recommencer le tour.

Il aura soin de demander des balles suivant les calibres des fusils et lorsqu'il lui sera donné des munitions de réserve, il aura attention de les faire garder exactement et de ne les délivrer qu'à propos.

ARTICLE 18

Le commandant de la milice, les lieutenants et

même les sergents qui y seront attachés, feront leur service à leur tour dans le bataillon, et si, pendant qu'ils seront absents, ce corps venoit à marcher, le commandant du bataillon y mettroit un commandant ou autre officier qui viendroit à manquer.

Le régiment de la Reine doit mener, de Chambly, Saint-Charles, Saint-Denis, Saint-Antoine, Saint-Ours, ci..	237 hommes
Le régiment de Guyenne, de Sorrel, Contre-cœur, Verchère et Varenne	277 "
Le régiment de Royal-Roussillon, de Boucher-ville, Longueuil et la Prairie......	298 "
Béarn, de la Longue-Pointe, Pointe-aux-Trem-bles, la Rivière des Prairies, Saut des Récollets.	184 "
La Sarre, de l'Ile-Jésus et Terrebonne...........	261 "
Berry, des Iles-Bouchard, Mascouche, La Chesnaye, L'Assomption, Repentigny, Saint-Sul-pice, La Valterie, La Nauray, Dautray, Ber-thier, l'Ile Dupas et l'Ile au Castor................	509 "
Languedoc, du gouvernement des Trois-Rivières.........................	462 "
La Marine doit prendre les quartiers où ils sont, au-dessus de Montréal.......	358 "
De la ville de Montréal et Trois-Rivières, on formera un bataillon de....... .... dont la plus grande partie sera de bourgeois de ces deux villes qui sera aux ordres de M. de Repentigny.......................	500 "
	3086

ÉTAT DE NOS TROUPES

Bataillons.	Détachés à Saint-Jean.	Hors d'état de servir.	Destinés à l'expédition.	
La Reine...........	51	36	358	
La Sarre...........	51	34	345	
Royal-Roussillon	51	12	316	
Languedoc	51	23	361	
Guyenne	51	15	325	3607
Berry 2me.........	52	6	362	
Berry 3me.........	52	8	356	
Béarn..............	52	18	384	
2 bataillons de la Marine.....................800				

6693 hommes

Le sieur Boishébert arriva vers la fin de mars de l'Acadie. Nous apprîmes que les Acadiens étoient entrés en traité avec les Anglois.

Les nouvelles des mouvements des ennemis vers Jacques Cartier s'étant trouvé fausses on renvoya les miliciens du gouvernement des Trois-Rivières. Les détachements de Languedoc restèrent cantonnés à la Pointe-aux-Trembles. On continua à faire des préparatifs pour le siège.

On fit faire nombre de farines dans le gouvernement de Montréal et des Trois-Rivières.

M. de Bougainville fut destiné pour aller commander dans la partie de l'Ile-aux-Noix où il se rendit à la fin du mois avec M. de Lotbinière, ingénieur.

Nous apprîmes que les Anglois avoient beaucoup de malades.

AVRIL

Au commencement d'avril, il arriva des courriers d'Acadie pour annoncer qu'lls avoient été forcés de rompre la trève avec les Anglois.

LE 5

Le sieur de Langy arriva le 5 avril avec neuf prisonniers qu'il avoit fait près de Carillon dont trois officiers.

DU 10 AU 15

Le fleuve ayant commencé à se débarrasser des glaces aux environs de Montréal, on disposa toutes choses pour le départ.

Les ordres furent expédiés et envoyés du 16 au 17 pour que tous les corps se missent en marche. Le 20, on travailla avec toute la diligence possible à faire charger les bâtiments de transport qui étoient à Montréal, et à disposer les deux frégates qui devoient escorter les transports.

LE 17

M. le chevalier de Lévis fit partir M. de la Pause, aide-maréchal général des logis, pour aller reconnoître les endroits propres à faire débarquer l'armée, et faire préparer à Jacques Cartier et aux environs tout ce qui étoit nécessaire pour que l'armée fût en état de marcher en avant tout de suite.

L'armée destinée à cette expédition étoit composée suivant le tableau ci-après :

Brigades.	Régiments.	Officiers.	Soldats.	Miliciens, compris leurs officiers.	Total.	Soldats nègres.	Domestiques.	Chirurgiens.	Tot. des non combat.	Total à nourrir, non compris état major et employés.
La Reine.......... {	La Reine..........	27	370	223	620	10	27	1	38	658
	Languedoc........	14	280	285	579	..	14	1	15	594
La Sarre.......... {	La Sarre..........	24	339	230	593	..	21	1	22	615
	Béarn............	24	371	221	616	5	27	1	33	646
Royal-Roussillon {	Royal-Roussillon	24	305	279	608	4	8	1	13	621
	Guyenne..........	22	320	261	603	5	23	1	29	632
Berry.............	2 bat. de Berry ...	51	727	519	1297	9	50	2	61	1358
La Marine	2 bat. de la Marine	80	898	246	1224	..	75	4	79	1303
Troupes hors de la ligne. {	Cavalerie	5	....	200	205	..	2	1	3	208
	Sauvages	8	....	270	278	..	...	...	...	278
	Bat. de la Milice de Montréal		....	287	287	..	57	2	59	347
	Totaux..........	279	3610	3021	6910	33	307	16	352	7260

17

On comptoit, outre ce nombre, rassembler partie des habitants du gouvernement de Québec dès qu'on auroit investi la place, lesquels devoient servir de pionniers attendu qu'ils manquoient d'armes.

Le 20

Toute l'armée se mit en mouvement; M. de Bourlamaque partit le même jour et M. le chevalier de Lévis le lendemain; les bâtiments de transport et les frégates appareillèrent dudit jour au 25 et arrivèrent à la Pointe-aux-Trembles les 25 et 26.

On trouva à l'entrée du gouvernement de Québec le fleuve encore plein de glaces, ce qui joint au grand froid et au risque paroissoit devoir arrêter l'armée. Mais M. le chevalier de Lévis prévoyant combien il étoit essentiel d'arriver devant Québec avant que les ennemis ne fussent instruits de sa marche, et de ne pas perdre un moment pour être à portée de profiter sur le champ des secours qui pouvoient nous arriver d'Europe, fit surmonter tous ces obstacles. L'armée arriva à la Pointe-aux-Trembles le 24 et y séjourna le 25 pour prendre des vivres, des munitions et se disposer pour aller par terre.

Le 25

Le sieur de la Pause fut envoyé en avant pour

reconnoître jusques où l'on pouvoit aller en bateau et la position des ennemis qu'on savoit se fortifier. et garder le passage de l'embouchure de la Rivière du Cap rouge. Il comptoit défendre tous les passages depuis le Cap rouge jusqu'à Québec dont l'espace est de trois lieues ; il ne parut pas possible de tenter de passer au bas de ladite rivière suivant le *grand chemin de Montréal à Québec,* ni de tenter de faire un débarquement depuis le Cap rouge jusqu'à Québec ; il fut résolu qu'on chercheroit à se rendre maître des hauteurs en passant dans l'intérieur des terres, traversant la Rivière du Cap rouge à deux lieues au-dessus de son embouchure, passant de là par la Vieille-Lorette et traversant les marais de la rivière de la Suette pour s'emparer des hauteurs de Sainte-Foi et gagner le susdit grand chemin.

LE 26

On descendit en bateau jusqu'à Saint-Augustin où l'on travailla à les traîner sur les glaces, pour les mettre à terre, où on les laissa avec une garde ; on n'emporta que des vivres et trois pièces de canon.

Pendant qu'on travailloit à ces arrangements, M. de Bourlamaque fut envoyé avec des sauvages, les grenadiers et un détachement de l'artillerie pour reconnoître les endroits où on devoit passer la Rivière du Cap rouge et y faire construire des ponts, les ennemis ayant rompu ceux qu'il y avoit ; et il devoit avertir, lorsqu'il seroit temps que l'armée se mît en mouvement.

Il informa à deux heures M. le chevalier de Lévis qu'il pouvoit se mettre en mouvement, ayant fait deux passages pour des gens à pied et lui demanda ses ordres pour son détachement. Il lui fut marqué en réponse de passer la rivière et de s'emparer des maisons et postes qui couvroient ce passage, et l'armée se mit en même temps en marche. On apprit dans ce temps que les ennemis avoient évacué les postes qu'ils avoient à l'église de la Vieille-Lorette et s'étoient retirés sur celle de Sainte-Foi où on les assuroit en force. On parvint à faire passer avant la nuit une brigade qui occupa les postes des grenadiers, et M. de Bourlamaque eut ordre de se porter en avant le plus qu'il pourroit, sans cependant se compromettre, jusqu'à ce qu'il eût avis que l'armée étoit en marche. En conséquence, il passa les marais de la Suette dont les ennemis auroient pu avec avantage nous retarder le passage, et fut prendre poste dans des maisons à un quart de lieue des hauteurs de Sainte-Foi où étoient les ennemis. M. le chevalier de Lévis fit avancer les brigades, à mesure qu'elles avoient passé, pour le soutenir, s'y porta de sa personne et y passa la nuit, ayant ordonné au sieur de la Pause de venir l'avertir dès que toute l'armée auroit passé les marais.

Il fit une nuit des plus affreuses, un orage et un froid terribles, ce qui fit beaucoup souffrir l'armée qui ne put finir de passer que bien avant dans la nuit.

Les ponts s'étant rompus, les soldats passoient dans l'eau. Les ouvriers avoient peine à les réparer dans l'obscurité, et, sans les éclairs, on eût été forcé de s'arrêter.

LE 27

On dispersa l'armée dans les habitations pour se garantir de la pluie et raccommoder les armes, pour être en état de marcher au point du jour, M. le chevalier de Lévis ayant résolu d'attaquer. Mais l'artillerie n'ayant pu passer dans la nuit, le mauvais temps continuant, il attendit jusqu'à dix heures. Elle lui étoit nécessaire pour attaquer l'église et les maisons fortifiées. Il fut avec M. de Bourlamaque reconnoître les ennemis, et leur position, poussa des gardes en avant jusqu'au débouché du bois qui est sous la portée du canon et du fusil en certains endroits des hauteurs. Les ennemis canonnèrent et fusillèrent beaucoup sur les postes et sur tout ce qui se montroit hors du bois. Et il ordonna au sieur de la Pause d'aller faire avancer l'armée et l'artillerie pour passer la Suette, et de là se former sur quatre colonnes.

M. le chevalier de Lévis ayant vu les ennemis se renforcer, ne pouvant juger de leur nombre et en paroissant occuper les endroits accessibles et la colline où ils étoient, laquelle d'un côté continue jusqu'à l'embouchure de la Rivière du Cap rouge et de l'autre jusqu'à Québec, où elle prend le nom de côte d'Abraham, et est d'un bout à l'autre bordée d'habitations de trois ou quatre arpents, comme d'ailleurs, l'église de Sainte-Foi, qui étoit fortifiée avec du canon, étant en face du chemin ou nous étions, il falloit les forcer dans cette église et dans les maisons voisines, qui se flanquoient, et que nous ne pouvions mener l'artillerie que par le chemin qui n'étoit pas praticable, ni déboucher qu'à travers des bois marécageux et nous former après les avoir passés que sous le feu de leur artillerie et mousqueterie, tout cela fit prendre la résolution à M. le chevalier de Lévis, vu le mauvais état où avoit été l'armée depuis trente heures, d'attendre à l'entrée de la nuit à se mettre en marche pour aller les tourner sur leur gauche.

Un de nos bateaux chargé d'artillerie ayant été entraîné et écrasé par les glaces, la veille, il y eut un canonnier qui s'étant sauvé sur un petit banc de glace, fut entraîné jusqu'à la hauteur de Québec, où les ennemis l'ayant aperçu, le 27 au matin, le retirèrent. Mais, comme il étoit à toute extrémité, il n'eut que le temps de les informer de notre marche par la Vieille-Lorette et de la force de notre armée, ce qui fit prendre le parti au commandant d'envoyer sur le champ un gros détachement pour pouvoir retirer tous ceux qu'il avoit à Sainte-Foi ou au Cap rouge, ce qu'il exécuta une heure après midi, après avoir mis le feu à l'église de Sainte-Foi, où il y avoit un dépôt d'armes et quelques munitions.

Dès qu'on aperçut le feu, on ordonna aux gardes,

aux compagnies des grenadiers et à la cavalerie d'avancer, l'armée suivit, les avant-gardes ne les joignirent qu'à l'entrée de la nuit auprès d'une maison fortifiée, où ils se retirèrent, après avoir tiré quelques coups de canon. Nous eûmes un officier et quelques volontaires blessés ; ils laissèrent un détachement à cette maison et à une redoute qui étoit sur une hauteur ; le reste rentra dans la place.

De notre côté, notre armée cantonna dans les maisons, depuis celle qu'occupoient les ennemis jusqu'à un quart de lieue de l'église de Sainte-Foi, pour lui donner du repos, la terre d'ailleurs étant encore couverte de neige en plusieurs endroits.

———

Bataille gagnée par l'armée française commandée par M. de Lévis sur les troupes angloises, le 28 avril, près de Québec.

Le détachement anglois abandonna pendant la nuit la maison, dont nous nous emparâmes au point du jour. Ils parurent n'occuper que la hauteur où étoit la redoute et où ils travailloient. M. le chevalier de Lévis, croyant les ennemis décidés à s'en tenir à la défense de la place, comptoit de faire avancer l'armée et de lui faire donner les vivres qui étoient dus ce jour-là. Il envoya pour cela ordre de les faire arriver à bonne heure à l'Anse-au-Foulon et monta à cheval le matin

28 pour aller reconnoître, avec son état major, les positions qu'il feroit occuper à son armée. Et, pour être maître de l'Anse-au-Foulon où il vouloit faire son dépôt ; comme il vit que les troupes que les ennemis avoient dehors ne consistoient qu'à quelques détachements, il voulut les reconnoître de plus près et fit occuper une redoute que les ennemis venoient d'abandonner, par des cavaliers à pied. Mais, voyant que le feu des ennemis, qui se rassembloient pour le reprendre grossissoit continuellement, et n'ayant pas de troupes à portée pour les soutenir, il fit retirer les cavaliers. En parcourant les élévations des environs, il aperçut une colonne considérable des ennemis qui sortoient de la ville. Il avoit précédemment envoyé le major général pour faire resserrer l'armée ; il donna ordre de lui faire continuer sa marche, dit à M. de Bourlamaque de laisser cinq compagnies de grenadiers dans la maison où il comptoit appuyer la gauche de l'armee, et de porter les autres cinq sur une petite hauteur où il comptoit d'appuyer la droite, et, à mesure que les brigades arriveroient à la droite de les placer au terrain qu'il lui indiqua. Il ordonna aussi au sieur de la Pause de se tenir au débouché de l'armée sur le terrain du champ de bataille pour envoyer les brigadiers aux endroits qu'il lui indiqua.

Les deux brigades de la droite étoient placées, et la troisième débouchoit, lorsque les ennemis, qui étoient formés, se mirent en mouvement pour les charger et firent usage de vingt-quatre bouches à feu qu'ils avoient et même de leur mousqueterie, lorsqu'ils furent plus près. M. le chevalier de Lévis s'étant porté à la droite, voyant les deux brigades plus avancées qu'il ne l'avoit ordonné et qu'elles alloient être chargées par toute l'armée ennemie et par conséquent culbutées, sans pouvoir les soutenir par les autres qui n'étoient point arrivées et qui n'auraient pu même les former, attendu que les ennemis les auroient chargées en détail, prit sur le champ la résolution de les faire retirer à l'entrée du bois qui étoit derrière pour attendre que les autres fussent formées et puissent les protéger, ce qui s'exécuta avec la plus grande valeur et activité, sous le feu du canon et de la mousqueterie.

Pendant que la dernière brigade, qui étoit celle de la Sarre, se formoit, les ennemis marchèrent vers notre gauche et forcèrent les grenadiers de quitter la maison. Cette brigade se retira un peu pour pouvoir achever de se former et remarcha tout de suite en avant pour soutenir les grenadiers qui se remparèrent de la maison. M. le chevalier de Lévis envoya dans ce temps M. de Bourlamaque à la gauche où devoit être son poste, qui y fut blessé en arrivant d'un coup de canon et eut son cheval tué sous lui ; et, voyant que le feu continuoit dans cette partie il s'y porta pour soutenir la maison qu'il vouloit que l'on continua de défendre. Il passa ensuite de la gauche à la droite entre les deux armées, ordonnant en passant à nos brigades de charger, et fit marcher les cinq compagnies de grenadiers de la droite aux redoutes qui étoient sur les buttes dont les ennemis s'étoient emparés.

M. le chevalier de Lévis comptoit charger les ennemis en flanc avec la brigade de la Reine et celle de Royal-Roussillon, qui débordoit lesdites hauteurs ; mais, par un ordre mal rendu par un officier, la brigade de la Reine, au lieu de se retirer à l'entrée du bois se porta derrière la gauche. Il prit sur le champ le parti d'exécuter son mouvement avec la brigade de Royal-Roussillon, qui, après qu'elle eût dépassé le flanc gauche des ennemis, les attaqua si vigoureusement qu'ils furent mis en désordre et suivis de toute la ligne. Si la brigade de la Reine eût été à son poste, on auroit enveloppé les ennemis par leur gauche ; et vraisemblablement on leur auroit coupé la retraite sur la place, ce qui auroit été décisif. Mais ils se retirèrent avec tant de précipitation et ils étoient si près de la place qu'on ne put les joindre, nos troupes étant excédées de fatigues ; mais ils abandonnèrent toute leur artillerie, munitions, outils, morts et blessés.

La brigade de la Sarre étoit aux ordres de M. Dalquier, lieutenant-colonel commandant le bataillon de Béarn. Cette brigade étant jointe avec les grenadiers soutint tous les efforts des ennemis qui avoient porté leurs plus grandes forces à droite pour s'emparer du chemin où étoit notre gauche, qui s'appuyoit à une maison et à un moulin.

Ce fut cette brigade qui souffrit le plus ; elle donna de grandes marques de courage et de valeur. M. Dal-

quier fut blessé, et montra dans cette affaire beaucoup
d'intelligence.

La brigade de Royal-Roussillon étoit aux ordres de
M. de Pouraillier, lieutenant-colonel, qui fit exécuter
le mouvement avec beaucoup de valeur et qui s'est
fort distingué dans cette action. Le sieur Delaas, capitaine au régiment de la Reine, qui commandoit les
Canadiens attachés à ce régiment, qui se trouvoit tout-
à-fait à la droite de l'armée, n'ayant pas eu le même
ordre qu'avoit eu la brigade pour se porter à la gauche, et voyant la brigade de Royal-Roussillon qui
marchoit se joignit à elle, et se comporta dans cette
occasion avec beaucoup d'intelligence et de valeur.

L'armée des ennemis étoit d'environ quatre mille
hommes et la nôtre d'environ cinq mille hommes dont
deux mille quatre cents miliciens ; mais il y a eu plus
de quatorze cents hommes dudit nombre, comme la
brigade de la Reine et la cavalerie qui n'ont jamais eu
part à l'action. Nous avions été obligés de laisser des
détachements derrière et nos sauvages s'étant retirés
ne combattirent point.

Nous n'avions dans cette action que trois petites
pièces de campagne qui, à la vérité, servirent utilement sous les ordres des sieurs Louvricourt et Du-
verny, officiers d'artillerie.

Les troupes donnèrent des preuves, dans cette
action, de la plus grande valeur, s'étant formées sous
le feu des ennemis et étant restées longtemps dans

l'inaction, ayant ensuite marché aux ennemis avec toute l'intrépidité possible.

La perte des ennemis, malgré l'avantage de leur situation, du terrain et de leur grand feu que nous essuyâmes sans répondre, a été plus considérable que la nôtre.

Ils ont perdu environ mille à douze cents hommes tués ou morts de leurs blessures, estropiés ou dangereusement blessés, vingt pièces de canon, deux obusiers, les outils et les munitions. Parmi le nombre des prisonniers, il y avoit vingt officiers.

De notre part notre perte a été de six à huit cents hommes.

Suit l'état des tués ou morts de leurs blessures à la bataille du 28 avril au siège de Québec.

État général des officiers et soldats tués ou morts de leurs blessures ou blessés à la bataille du 28 avril, au siège de Québec.

	Officiers et soldats tués ou blessés ou morts de leurs blessures et blessés à l'affaire du 28 avril.				Officiers et soldats tués ou morts de leurs blessures et blessés pendant le siège de Québec.			
	Officiers tués ou morts de leurs blessures.	Officiers blessés.	Soldats tués ou morts de leurs blessures.	Soldats blessés.	Officiers tués ou morts de leurs blessures.	Officiers blessés.	Soldats tués ou morts de leurs blessures.	Soldats blessés.
Etat major général	...	1	...	...	...	...	...	...
La Reine	1	3	4	15	...	1	9	10
La Sarre	5	9	26	70	1	...	4	7
Royal-Roussillon	1	6	5	57	...	...	...	6
Languedoc	1	1	7	13	1	1	4	8
Guyenne	1	4	7	54	...	...	8	10
Berry	6	14	35	133	...	...	18	26
Béarn	3	10	22	85	1	1	5	12
La Marine	5	13	17	80	2	1	10	18
Artillerie	...	...	2	2	...	1	4	10
Milices	5	7	40	163	...	1	6	20
Totaux	28	68	165	572	5	6	68	127

RÉCAPITULATION.
$$\left. \begin{array}{l} \text{Officiers tués..........................} \quad 33 \\ \text{Soldats tués..........................} \quad 233 \\ \text{Officiers blessés.....................} \quad 74 \\ \text{Soldats blessés.......................} \quad 699 \end{array} \right\} \begin{array}{l} 266 \\ 773 \end{array} \right\} 1039$$

Liste des officiers tués ou blessés au combat devant Québec,
le 28 avril.

MM. de Bourlamaque, brigadier, partie du gras de jambe emporté par un boulet de canon.

Régiment de la Reine
- Montreuil, capitaine des grenadiers, blessé à
- Dufai, enseigne, le bras cassé.   [mort.
- Chevalier Desnos, } lieut., blessés légèrement.
- Saint-Martin,

La Sarre
- Deguinier, lieutenant, tué.
- Palmarole, capitaine de grenadiers, } blessés à
- Duprat, capitaine, } mort.
- Forcet,
- Duparquet, premier capitaine, coup de feu à la jambe.
- Beauclair, capitaine, coup de feu au bras.
- Méritent, capitaine,   idem.
- Chevalier de Savournin, lieutenant, à la poitrine, très dangereusement.
- Paonnet, sous-lieut. de grenadiers, idem, mort.
- Lanaudière, lieutenant, coup de feu à la jambe.
- Premillac, lieutenant, le pied cassé.
- Lassus, lieutenant,
- Grance,   idem, } blessés légèrement.
- Chevalier de Laubanie,

Royal-Roussillon
- De Rouin, capitaine, } coup de feu à la jambe,
- Bonnevieille,
- Léonard, lieutenant, coup de feu au bras.
- Beausadet, sous-lieut. de grenadiers, l'épaule fracassée, mort.
- Destore, cap. de grenadiers, } blessés légèrement.
- Trémoy, capitaine,
- Lefebvre, capitaine, } blessés légèrement.
- Grandjean, lieutenant,

Languedoc
- Senneterre, lieutenant, blessé légèrement.
- d'Ernanger, lieut. de grenadiers, tué.
- d'Alayrac, lieut. de grenad., blessé légèrement.

Guyenne
- Morambert, lieutenant, blessé à mort.
- Montagnet, capitaine, coup de feu au bras.
- Launay, cap. de grenadiers,
- de Blot, capitaine, } blessés légèrement.
- Bellot, capitaine,
- Chassignolet,

Berry
- Villemonter, capitaine de grenadiers,
- Valentin, aide-major, } tués.
- Carery, lieutenant,

Berry	Trécesson, lieut.-col. de bataillon, Darseins, capitaine, La Marlière, lieutenant, } blessés à mort. La Pelouze, aide-major, coup de feu à la poitrine. Coespel, lieutenant, Du Guermé, lieutenant, Vaudaran, lieut. en second, } jambe cassée dangereusement. Pélissier, lieutenant de grenadiers, le bras percé d'un coup de feu. Laudance, le poignet cassé. Sigoin, capitaine, coup de feu à la cuisse, dangereux. Leclerc, lieutenant, idem. Dallet, lieutenant, coup de feu au bras. Trévis, lieut.-col. comdt le régiment, Pressac, capitaine, Cambray, capitaine, Ménard, capitaine, Beauchamp, capitaine, } blessés légèrement.
Béarn	Vassal, capitaine, Soloignac, lieutenant, Tolabelle, } blessés à mort. D'Alquier, lieut.-colonel, commandant, coup de feu au côté. Monredon, capitaine de grenadiers, coup de feu aux deux cuisses, dangereux. Pinsan, lieut., coup de feu à la cuisse, dangereux. Fay, lieutenant, idem. Jacob, lieutenant, coup de feu à la poitrine. Malartie, aide-major, Blénard, capitaine, Ségla, capitaine, Raimond, lieutenant, Meley, lieutenant, Jourdain, lieutenant, } blessés légèrement.

Troupes de la Colonie, compagnies franches de la Marine.

De Boucherville, enseigne, tué.
Saint-Martin, capitaine de grenatiers,
Laronde,   idem,
Varennes, lieutenant,
Corbières, lieutenant, } blessés à mort.
Du Buisson, capitaine, coup de feu à l'épaule.
Mézières, capitaine, coup de feu aux deux jambes.
D'Hugues, capitaine, coup de feu à la tête, légèrement.
D'Aillebout, sous-lieutenant de grenadiers, coup de feu à la jambe, légèrement.

Hiché, enseigne, coup de feu au côté.

Chevalier de la Corne, commandant de bataillon,
Vassan,   idem,
Saint-Leu, commandt les sauvages,
Loumier, capitaine,
Le Borgne, capitaine,
La Noix de Noyelle, lieutenant,
Sabrevoix, lieutenant,
Chevalier de La Perrière, enseigne,
Herbin, enseigne,   } blessés légèrement.

Officiers des Milices.

Réaume, commandant le bataillon de Montréal,
Lefèvre, tué.   [tué.
Prévot de Sicors, tué.
Gaudet, la main fracassée.
Neveu, à la mâchoire, dangereusement.
Julien de Rivière,
La Promenade,
De Cary,
Maugé de Sauniers,   } blessés.
Ménars,
Irtubis,
Pierre Lefèvre,
Augé,   } blessés aux bras.
Chevalier,

Etat des officiers tués ou blessés pendant le siège.

La Sarre	Boischatel, aide-major de la Sarre, tué.
Languedoc	Pradel, lieutenant, tué.
Béarn,	Barot, capitaine, mort de ses blessures.
Colonie	de Bonne, capitaine, tué.
	N. de Mélonèze, lieutenant, mort de ses blessures.
La Reine	d'Herz, aide-major, blessé légèrement.
Languedoc	La Justonne, lieutenant, la jambe coupée.
Béarn	Mazeray, capitaine, blessé légèrement.
Colonie	Melonèze, capitaine, idem.
	Herbin, lieutenant, idem.
Artillerie	du Carny, lieutenant, idem.

Les ennemis étant rentrés dans la place, nous nous emparâmes de la crête des hauteurs qui ne sont qu'à trois cents toises au plus de la place et nous nous plaçâmes sur le revers où nous passâmes la nuit. Nous envoyâmes après l'action prendre possession de l'hôpital général et y envoyâmes nos blessés et ceux des Anglois.

Québec forme une espèce de triangle qui occupe une pointe de terre fort élevée sur la rive gauche du fleuve Saint-Laurent. Le fleuve défend un des deux côtés qui sont vers la campagne, l'un qui suit l'escarpement de la côte d'Abraham, commande avec beaucoup de supériorité une plaine basse où serpente la rivière Saint-Charles ; cette côte d'Abraham règne presque parallèlement au fleuve Saint-Laurent, et va s'y réunir à l'embouchure de la Rivière du Cap rouge. Le côté de Québec qui est terminé par cette côte et par l'escarpement du fleuve, est le seul accessible ; la distance en est d'environ sept cents toises. Il est défendu par une enceinte de six bastions revêtus et presque sur une ligne droite. Un fossé peu profond, dont l'excavation en quelques endroits n'est que de cinq à six pieds, quelques terres rapportées sur la contrescarpe, six à sept redoutes de bois construites par les Anglois couvroient cette enceinte. Le terrain pour les approches est pierreux ; il devient presque roc en approchant de la place, et les hauteurs mêmes dont nous nous étions emparés ont à peine six pouces de terre. Il fut décidé, après avoir reconnu la place, qu'on couronneroit par une parallèle les hauteurs qui sont devant le front des bastions Saint-Louis, de la

18

Glacière, et du cap au Diamant, et qu'on y établiroit des batteries, d'où on espéroit, malgré l'éloignement et la foiblesse du calibre de nos pièces, qu'elles pourroient faire brèche, le revêtement étant mauvais dans cette partie, supposé que les secours dont on se flattoit de France n'arrivassent pas.

Le 29

Au matin, on campa l'armée à un quart de lieue en arrière desdites hauteurs; on fit distribuer des vivres et les outils; on régla le détail et le service du siège, et l'on commença à travailler à la parallèle dès l'entrée de la nuit.

Le sieur Debonne et le sieur Méloize, officier des troupes de la Marine, furent blessés à mort ce jour-là et sept à huit soldats. Les ennemis travaillèrent à force à démasquer des embrasures.

M. de Pontleroy, ingénieur en chef, fut chargé de la direction du siège et M. de Montbeillard, commandant de l'artillerie, le fut également de tout ce qui concernoit sa partie. M. Delaas fut chargé de faire les fonctions de major de tranchée, et le sieur Bastonis, lieutenant au régiment de Berry, celle d'aide-major.

Le régiment de la Reine, celui de Royal-Roussillon, un bataillon de Berry, un de la Marine et Béarn, avec toutes les compagnies de grenadiers, montèrent à la tranchée le soir à quatre heures; il y eut six cents travailleurs commandés pour la nuit, pris sur les corps qui n'étoient pas à la tranchée, lesquels eurent ordre de porter les armes.

Des cinq bataillons, trois devoient être placés en ligne le long de la parallèle en arrière; les compagnies des grenadiers devoient être en avant divisées par pelotons, et les deux autres bataillons en réserve à cinquante ou soixante toises derrière les trois premiers.

Il y eut une petite sortie pendant la nuit.

LE 30

La tranchée fut relevée à midi par les cinq autres bataillons; les bataillons de tranchée fournissoient les travailleurs de jour; le soir il en fut commandé six cents pour la nuit. Nous eûmes cinq à six hommes tués ou blessés; quelques sauvages furent à l'entrée de la nuit occuper un poste sur la gauche, de même que les cavaliers à pied, lesquels y fournirent dans la suite alternativement avec une compagnie de volontaires de la milice.

Les ennemis nous incommodèrent beaucoup plus par leurs obus et les bombes que par le canon; ils firent une sortie dans la nuit d'un officier et trente hommes; l'officier, se croyant suivi, se jeta parmi nos travailleurs et y fut pris.

MAI

Le 1er mai, on renvoya au camp les deux bataillons

de réserve, la tranchée se trouvant plus en sûreté. Le sieur Boischastel, aide-major de la Sarre, fut blessé à mort d'un éclat de bombe.

La tranchée fut relevée à l'ordinaire; il vint un déserteur qui nous avertit que les ennemis devoient faire une sortie cette nuit avec sept à huit cents hommes, ce qu'ils ne firent point cependant.

On commença trois batteries, l'une de six pièces devoit battre un peu en écharpe la face du bastion de la Glacière; une autre de quatre pièces, placée sur la gauche, battoit directement cette même partie; la troisième de trois pièces étoit dirigée sur le flanc du bastion Saint-Louis opposé à celui de la Glacière. On y joignit une batterie de deux mortiers.

On ne pouvoit construire la parallèle et ses batteries qu'avec des difficultés incroyables. On cheminoit sur le roc, et il falloit porter la terre dans des sacs d'une fort grande distance. Les ennemis, qui à tous moments démasquoient des pièces, nous retardoient beaucoup par des précautions qu'il falloit prendre; les boulets plongeant derrière les hauteurs, il y avoit peu d'endroits où l'on fût à couvert, l'on fut même obligé d'éloigner le camp.

LE 2

Les travailleurs furent fournis à l'ordinaire ainsi que la tranchée; nous perdions toujours de temps en temps quelques hommes; la parallèle étant mauvaise, les troupes y étoient peu à couvert.

LE 3 ET LE 4

Se passèrent de même. M. le chevalier de Lévis avoit pris la résolution ce jour-là de faire passer dans la nuit le sieur Vauquelain, avec sa frégate et une goëlette armée en guerre, au-dessous de la ville pour attaquer les bâtiments de transport qui pourroient arriver aux ennemis. Mais elle ne put passer; il n'y eut que la goëlette.

LE 5

Les ennemis ne tirant que peu ce jour-là, les travaux avancèreut un peu plus.

LE 6 ET LE 7

Les travaux n'avancèrent pas beaucoup; on perdoit toujours quelques hommes.

LE 8

Y ayant une batterie avancée, on fit monter à la tranchée quelques pièces; les ennemis firent grand feu, ayant alors près de soixante pièces dirigées sur notre front d'attaque.

LE 9

Sur les neuf heures du matin, il parut une frégate

à la Pointe-de-Lévis, qui fit des signaux; et, ayant envoyé son canot à la ville, elle y vint ensuite mouiller. Les ennemis avoient fait partir au commencement du siège une frégate avec les déserteurs qu'ils avoient à nous et quelques malades. On supposoit que c'étoit la même ; mais, vers la fin du jour, nous fûmes instruits du contraire.

La nuit fut très froide ; nos troupes souffrirent beaucoup à la tranchée, le sieur d'Hers, aide-major de la Reine, fut blessé.

LE 10

Nos batteries ne furent pas encore en état de tirer. M. le chevalier de Lévis reçut une lettre de M. Murray qui lui demandoit de lui renvoyer les malades qu'il avoit à l'hôpital en état de servir. A quoi il lui répondit que cela ne paroissoit pas possible, malgré l'article du cartel qu'il lui citoit dans pareille circonstance ; mais qu'il alloit écrire à M. de Vaudrenil pour savoir ses intentions à ce sujet ; et le remercia des gazettes d'Europe qu'il lui avoit envoyé.

La nuit fut très pluvieuse ; on travailla à réparer les batteries. On comptoit être en état de tirer le matin ; mais l'approvisionnement des pièces n'étoit point prêt et l'on vouloit attendre que les deux premières batteries puissent tirer.

LE 11

On ne put commencer à tirer qu'à midi ; le feu fut

très vif de part et d'autre ; et, malgré la supériorité de l'ennemi, le nôtre se soutint très bien jusques au soir.

Les sieurs Pradel et la Justonne, lieutenants de Languedoc, furent blessés dangereusement.

La nuit fut très traquille; les ennemis tirèrent peu ; on répara les batteries de part et d'autre. On fit passer sous la ville une goëlette et deux batteries qui alloient à Beauport pour charger un mortier. Les ennemis eurent une alerte considérable et crurent la Basse-Ville attaquée.

LE 12

Au matin, on recommença à tirer, mais peu. Notre artillerie étoit de mauvaise espèce; elle étoit composée de pièces de fer, la plus grande partie de 18 ou 12, excepté une seule de 24, qui creva ainsi que plusieurs des autres les jours suivants. Le peu de poudre et le peu d'effet qu'on devoit attendre de cette artillerie qui étoit d'ailleurs trop éloignée obligèrent M. le chevalier de Lévis, pour ne pas se trouver totalement dépourvu, d'ordonner qu'il ne fût tiré que vingt coups par pièce dans les vingt-quatre heures et de continuer en restant dans la situation où on étoit jusqu'à l'arrivée des secours qu'on espéroit de recevoir, croyant que la cour les auroit fait partir à bonne heure. On avoit instamment demandé avec quelques vivres de la grosse artillerie et de la poudre, et l'on ne doutoit point de part ni d'autre que la place ne fût assurée à celui qui recevroit les premiers secours.

Les ennemis avoient chargé la frégate nouvellement arrivée pour la mettre en état de combattre. Ils avoient armé celle des deux qui avoient hiverné à Québec, qui étoit restée.

M. de Murray écrivit une longue lettre pour insister sur le renvoi de ses convalescents.

Les ennemis firent un feu considérable. On travailla la nuit à réparer les batteries. Les ennemis tiroient autant la nuit que le jour.

Le 13

Au matin, leur feu redoubla; nos batteries furent un peu maltraitées ; nous tirâmes très peu. On répara le soir les batteries.

Le 14

Les ennemis tirèrent par intervalles. On tira peu pendant la nuit.

Le 15

Les ennemis tirèrent comme le jour précédent. M. le chevalier de Lévis fut averti à l'entrée de la nuit qu'il venoit de mouiller deux gros navires, qu'on n'avoit pu distinguer, entre l'Ile d'Orléans et la Pointe de Lévis. Il jugea qu'ils étoient anglois, n'ayant mis personne à terre à la rive du sud pour faire avertir. Et, en conséquence, il envoya des ordres, pour que tous nos bâtiments où étoient les vivres et l'artillerie eussent à se retirer, et aux deux frégates de se tenir sur leurs gardes pour être prêtes à se retirer. Il fit replier aussi l'artillerie de la tranchée et donna des ordres pour le déblaiement de l'armée.

Il fut informé dans la nuit par un prisonnier, que firent nos sauvages, que les deux navires qui avoient paru étoient Anglois. Il donna de nouveaux ordres pour le déblaiement de la tranchée et celui de la marine, ainsi qu'aux deux frégates. Mais le temps étoit si mauvais que l'officier chargé des ordres ne put arriver dans la nuit pour les porter. A cinq heures du matin, on vint lui dire que nos bâtiments appareilloient, que ceux des Anglois étoient près d'eux. Une frégate parut, étant suivie de peu de distance d'une autre; et, à environ un quart de lieue et demi, il parut un vaisseau de soixante canons.

Tous nos navires coupèrent leurs câbles. La Pomone en appareillant abattit trop du côté de la terre du nord et échoua. Les deux frégates ennemies continuèrent à poursuivre l'Atalante. Elle joignit les bâtiments de transport à hauteur du Cap rouge et, voyant qu'ils alloient être joints par l'ennemi leur ordonna de s'échouer. Elle fut forcée d'en faire autant à cinq lieues plus haut, vis-à-vis la Pointe-aux-Trembles, où elle essuya pendant deux heures le feu des deux frégates. Le commandant, après avoir consommé toutes ses munitions et avoir fort endommagé les vaisseaux ennemis, fut fait prisonnier sans avoir amené pavillon ; et les ennemis, voyant qu'il ne tiroit plus, y envoyèrent un canot auquel il se rendit. Il avoit fait évader tout l'équipage qui étoit en état de servir, et perdit beaucoup de monde et eut un grand nombre de blessés, dont plusieurs officiers.

Le vaisseau ne passa pas Saint-Michel. Il revint devant l'Anse-au-Foulon, où il tira quelques coups de canon sur le camp. Il retourna à Québec. Les deux frégates restèrent mouillées à la Pointe-aux-Trembles.

Le 17

M. le chevalier de Lévis ne jugea pas à propos de faire sa retraite pendant le jour. Il fit jeter l'artillerie de fer en bas de la côte près de l'Anse-au-Foulon, fit donner des vivres aux troupes, et prit tous les arrangements nécessaires pour pouvoir se retirer dans la nuit, n'ayant pas les moyens pour emporter l'artillerie. Les troupes restèrent toute la journée dans la même position, et à dix heures du soir on commença à se mettre en marche. L'artillerie de fonte et de campagne avoit pris les devants. L'on passa la rivière du Cap rouge, le 17 au matin ; on resta toute la journée sur le bord de cette rivière pour faire décharger, de dessus les bâtiments qui étoient échoués, les vivres, munitions et tout ce qui étoit utile pour la défense. Le tout fut mis dans des bateaux et remonta le fleuve malgré les frégates ennemies, à la faveur de la nuit, ainsi qu'une flûte du Roi, appelée la Marie, qu'on parvint à déchouer. Après quoi on brûla tout le reste, le 18 au matin, avant de partir. Le régiment de la Sarre avoit été envoyé la veille à Saint-Augustin pour sauver les vivres d'une goëlette qui y avoit échoué.

LE 18

L'armée coucha à la Pointe-aux-Trembles. On eut nouvelle à environ dix heures du matin que huit ou dix vaisseaux étoient arrivés à Québec ; ce qui détermina M. le chevalier de Lévis à faire partir l'armée le lendemain pour se porter derrière la rivière de Jacques Cartier, après avoir laissé un corps d'environ quatre cents hommes à la Pointe-aux-Trembles.

Le vent du nord-est, qui régnoit depuis quelques jours, étoit si violent que nombre de bateaux chargés de vivres et munitions perdirent leur charge ; une des deux frégates des ennemis, qui étoit mouillée vis-à-vis de la Pointe-aux-Trembles, échoua et périt ; ils n'eurent que le temps de sauver l'équipage.

LE 19

L'armée se mit en marche, après avoir reçu trois jours de vivres. On eut bien de la peine pour passer la Rivière de Jacques Cartier par le défaut de bateaux. M. le chevalier de Lévis avoit envoyé devant le

major-général pour accélérer le passage, qui ne put
être fini que bien avant dans la nuit. On cantonna
toutes les troupes sur le bord de cette rivière.

Le 20

Le bataillon de la Sarre fut envoyé à Sainte-Anne
pour veiller à la conservation des vivres.

Le 21

M. le chevalier de Lévis, après avoir pris connoissance des vivres qui nous restoient et examiné la
situation de l'armée, dont presque tous les Canadiens
avoient déserté pour retourner chez eux, n'ayant que
du pain et en petite quantité pour toute subsistance,
étant assuré que les ennemis n'avoient pas reçu de
renfort, prit la résolution de laisser un corps d'environ
dix-huit cents hommes aux ordres du sieur Dumas,
avec lequel il devoit occuper la Pointe-aux-Trembles,
le fort de Jacques Cartier et l'église de Dechambeau
avec les endroits propres pour en assurer la communication et se rassembler si le cas y étoit, et renvoyer
tous les bataillons dans leurs quartiers. Si l'armée fût
restée en entier dans cette partie, elle se seroit affoi-
blie par la désertion qu'auroient occasionnée le
manque de subsistance et les maladies.

Les ennemis n'ayant pas reçu de renfort ne pouvoient faire tout au plus qu'un détachement de douze

à quinze cents hommes, avec lequel cependant, et sous la protection de leur marine,. ils auroient pu prendre poste au-dessus de nous, en remontant la rivière plus vite que nous n'aurions pu faire par terre, ayant de grandes rivières à passer avec peu de moyens. Ainsi, à tous égards, il n'y avoit pas de meilleur parti à prendre.

Détail des postes laissés sur cette frontière.

M. de la Rochebeaucourt à la Pointe-aux-Trembles avec...	400	hommes.
M. de Repentigny laissé au fort de Jacques Cartier	300	"
Le sieur Dumas, major des troupes de la Marine, à Dechambeau avec le restant dudit détachement, les deux postes ci dessus étant à ses ordres; et il y avoit quelques marins sur de petites felouques ou bâtiments, qu'on avoit armés, et quelques sauvages; le tout compris dans ledit nombre..	1100	"
Total............................	1800	

LE 22

On fit partir le bataillon de la Marine, après avoir fourni son piquet audit détachement, d'un capitaine et soixante hommes ainsi que firent les bataillons suivants.

LE 23

Royal-Roussillon et Guyenne partirent.

LE 24

La Sarre partit de Sainte-Anne, et la Reine et Béarn de Jacques Cartier.

M. Murray avoit écrit pour que nous fournissions des vivres à nos malades qui restoient à l'hôpital général ; sur quoi il lui fut mandé l'impossibilité où nous étions attendu l'éloignement et que, s'étant emparé de ceux que nous leur avions laissé, il devoit leur en fournir en payant, que c'étoit même les termes propres du cartel. Il manda que, s'il leur donnoit des vivres ils seroient tous prisonniers. M. le chevalier de Lévis lui écrivit à ce sujet plusieurs lettres très fortes qui ne produisirent aucun changement.

LE 25

Les deux bataillons de Berry partirent. M. le chevalier de Lévis partit aussi ce jour-là pour aller à Dechambeau, où il séjourna le 26 et donna des instructions au sieur Dumas et à tous les commandants particuliers sur tout ce qu'ils auroient à faire dans les différentes circonstances où ils pourroient se trouver. Il ordonna les fortifications à faire faire, la discipline et l'ordre pour les vivres, et partit le 27 et arriva aux Trois-Rivières, où il assembla le gouverneur et tous les gens de détail ou qui avoient des commissions particulières, et, après avoir conféré avec eux et donné des ordres, il partit pour Montréal le 28 et y arriva le 29.

Il conféra avec M. le marquis de Vaudreuil sur toutes les opérations et sur tout ce qu'il étoit possible de faire pour se mettre dans le meilleur état possible pour la défense du pays suivant ses facultés.

M. Murray ayant paru désirer de ravoir les sieurs Magland, capitaine, et Campbell, lieutenant, on les lui envoya et on lui demanda l'échange de deux de nos officiers qu'il n'accorda point.

LE 31

On apprit que la goëlette du munitionnaire, qui avoit passé sous Québec et étoit descendue dans le bas du fleuve, avoit fait trois prises ; mais, par la suite, elle fut obligée de tout brûler et l'équipage de revenir par terre.

JUIN

On apprit dans le commencement de juin que M. Murray retenoit non seulement les soldats et officiers malades prisonniers, mais même la garde qu'on y avoit laissée. On fut instruit dans ce même temps qu'il faisoit des préparatifs pour faire un mouvement par eau.

On proposa au sieur Murray un échange, lequel ne put avoir lieu par ses prétentions.

La levée du siège, la retraite et les mauvais temps en se retirant de ce siège, où l'on avoit porté en poudre, vivres et artillerie toutes les ressources de la colonie, nous mirent au dépourvu de toute espèce. Les bataillons étoient réduits à deux cent cinquante et au tiers des officiers, ayant laissé un détachement à Dechambeau et un second à l'Ile-aux-Noix. Ils manquoient de fusils et de bayonnettes. Toute notre artillerie consistoit aux pièces de campagne que nous avions pris aux ennemis le 28 et à quarante boulets par pièce. Point de navire de guerre que la flûte la Marie, sur laquelle on mit quelques mauvais canons de fer. Nous avions deux demi-galères construites depuis peu à Montréal, deux bâtiments sur le lac Ontario, une goëlette et deux petites tartanes sur la Rivière Saint-Jean, le tout assez mal pourvu d'équipages, la plupart des matelots s'étant retirés dans les paroisses. Nous n'avions pas la moitié de bateaux qu'il falloit pour le transport des troupes. Nulle espérance de secours, le fleuve étant couvert de vaisseaux de guerre anglois. Nous apprîmes dans le mois de juin que des bâtiments qu'on avoit envoyé de France les ayant fait partir trop tard, les uns avoient été pris et les autres s'étoient réfugiés dans la Baie des Chaleurs, pour se mettre à l'abri, en remontant dans la rivière de Ristigouche.

Du 7 au 8 juin

Le sieur Langy qui avoit été envoyé vers Saint-Fré-

déric avec un parti de sauvages revint sur ses pas
ayant rencontré un parti ennemi à la Pointe aux Fers,
contre lequel après quelques coups de feu tirés, ils
se retirèrent de part et d'autre. On se détermina sur
les procédés de M. Murray de renvoyer les prisonniers anglois par Saint-Frédéric à M. Amherst, en lui
proposant l'échange. Le sieur Bonneau, capitaine de
Guyenne, fut choisi dans cette commission. On fit
part à M. Amherst des mauvais procédés du sieur
Murray, en lui réclamant les officiers et soldats retenus contre la foi du cartel; mais on n'en eut aucune
satisfaction.

Le 9

M. de Malartie et plusieurs de nos officiers qui
étoient restés à l'hôpital de Québec arrivèrent; ils
étoient partis avant la détermination violente du
sieur Murray.

Le même jour

Mourut à Montréal chez les Sulpiciens le sieur de
Pontbriant, évêque de Québec, lequel fut enterré le 11
dans la cathédrale de cette ville.

Le 11

On reçut des nouvelles de la partie du lac Ontario,
et que les Anglois rassembloient un corps considé-

rable à Choagen et avoient des bâtiments prêts pour favoriser le passage du lac à leurs bateaux.

On reçut ce jour de nouvelles lettres du sieur Murray, qui expliquoient ses procédés sur de fausses allégations et sur ce que M. de Vaudreuil avoit violé le droit des gens en relevant les habitants du gouvernement de Québec du serment de fidélité qu'ils avoient prêté au Roi d'Angleterre pour nous aider à reprendre Québec.

LE 13

Dans la nuit, on reçut des nouvelles de France par un courrier de dépêche de Ristigouche en Acadie, où avoient relâché nos bâtiments destinés pour Québec, qui étoient partis du 15 avril, temps auquel ils devoient arriver.

LE 14

Les bâtiments anglois qui étoient à l'entrée du lac Champlain tirèrent beaucoup de canon.

LE 15

Un parti des ennemis d'environ trois cents hommes fut à Sainte-Thérèse à deux lieues au-dessous de Saint-Jean, où ils brûlèrent un hangar où l'on déposoit les effets qu'on transportoit de Chambly à Saint-Jean et quelques maisons qui étoient aux environs, et emmenèrent une vingtaine d'habitants, dont plusieurs charettes.

Le reste du mois de juin se passa paisiblement. On espéroit que la paix viendroit à notre secours, n'y ayant pas autre chose à espérer.

Vers la fin de juin, le sieur de Bougainville, qui commandoit à l'Ile-aux-Noix, ayant eu connoissance que les navires anglois avoient paru sur le lac Champlain, on jugea qu'il étoit indispensable de renforcer ce poste où il n'y avoit que quatre cent cinquante hommes. On y envoya le second bataillon de Berry avec deux cent cinquante miliciens ; M. le chevalier de Lévis s'y transporta pour visiter ce poste et cette frontière.

JUILLET

Au commencement de juillet, on apprit que les Anglois étoient à la fin de leurs préparatifs à Québec.

LE 14

Comme on craignoit que les ennemis ne cherchassent à se joindre au lac Champlain à cette flotte en traversant les bois, M. de la Pause fut envoyé pour reconnoître l'espace du pays qui sépare le lac Champlain depuis la baie de Mississicouy jusqu'à la Rivière Chambly au fleuve Saint-Laurent et au lac Saint-Pierre, en suivant les Rivières de Maska et Saint-

François. On se disposa à faire des préparatifs pour tâcher de boucher les chenaux au-dessus du lac Saint-Pierre. M. de Bourlamaque fut envoyé pour ordonner des travaux à faire dans cette partie sur les instructions qu'il avoit reçues.

M. le chevalier de Lévis, pressant toujours pour avoir des vivres, proposa différents moyens à MM. de Vaudreuil et Bigot, offrant de s'engager pour le paiement vis-à-vis des habitants, et d'envoyer des officiers de son corps entendus pour faire ce travail, ce qui fut accepté et exécuté avec tout le succès qui fut possible.

Le 11

Les ennemis ayant armé une flotte de trois frégates de vingt, trente et quarante canons, de plusieurs brigantins et senaus armés, de douze chaloupes carcassières portant du 24 et 18 et 12, et d'autres transports faisant en tout trente-cinq voiles sans compter les bateaux de débarquement. Cette flotte étoit propre à remonter le fleuve et embarquer un corps d'environ deux mille cinq cents à trois mille hommes de troupes de débarquement non compris les matelots avec une prodigieuse quantité de vivres, artillerie et munitions se mirent en mouvement, ils devoient être renforcés, après l'arrivée de quelques troupes qu'ils attendoient d'une autre flotte avec mille à douze cents hommes de débarquement qui devoient arriver de Louisbourg aux ordres du lord Rollo. Ils parurent au bas du courant

de Dechambeau le 16. Comme le fleuve est extrêmement rapide à cet endroit, l'on espéroit qu'ils ne fran-
chiroient pas aisément ce passage, quoique nous
n'ayions pas à beaucoup près l'artillerie nécessaire ;
mais le vent devint si fort et fit remonter leur flotte
avec tant de rapidité qu'ils se trouvèrent tous au-dessus du passage appelé le Richelieu sans avoir essuyé
plus de cinquante coups de canon avec perte de dix à
douze hommes seulement.

LE 1er AOUT

M. le chevalier de Lévis envoya M. de la Pause
reconnoître l'Ile à la barque pour voir si ce poste for-
tifié pourroit arrêter l'escadre.

M. de Bourlamaque retourna à Sorrel pour faire
continuer les travaux ; le régiment de la Sarre y fut
envoyé.

LE 2

Au soir, on apprit par un prisonnier fait à Saint-
Frédéric que M. Amherst étoit à Orange, qu'il y avoit
trois bataillons de troupes à Carillon et sept de
milices, et qu'ils étoient prêts à se mettre en mouvement.

LE 3

Il arriva un prisonnier fait au-dessous des Trois-

Rivières, qui dit qu'il y avoit trois mille cinq cents hommes de débarquemant sur les deux flottes et que, depuis, il étoit arrivé encore quatre cents hommes à Québec. On apprit que deux barques qui étoient sur le lac Ontario avoient été chassées par un brigantin anglois.

LE 5

M. de Bourlamaque revint de Sorrel. M. le chevalier de Lévis s'y transporta le 7, donna de nouveaux ordres, fit faire des préparatifs pour boucher le chenal de Grâce et revint le 8 au soir.

Le régiment de Guyenne se mit en mouvement par eau pour se porter à l'Ile-aux-Noix avec les habitants de ses quartiers, excepté ceux de Sorrel qui restèrent aux ordres du sieur Bellot pour les travaux de cette partie.

Ce jour-là, partie de la flotte angloise, qui étoit à l'avant-garde, passa sous les Trois-Rivières et mouilla à une lieue et demie au-dessus des Trois-Rivières. Elle étoit composée de vingt-six voiles, le reste étoit au nombre de vingt-deux à Champlain.

Comme la ville des Trois-Rivières étoit ouverte et sans défense, le sieur Dumas, en côtoyant la flotte avec tout son détachement, qu'il avoit rassemblé en se repliant, excepté un détachement qu'il avoit laissé au fort de Jacques Cartier, se pressa d'y arriver pour y construire quelques retranchements pour la défense ;

mais la flotte angloise ayant passé outre, il fut forcé
de la suivre après avoir laissé un détachement dans
cette ville.

Le 9

A quatre heures du matin, on entendit trois coups
de canon à Chambly. Trois bâtiments ayant paru à la
portée de l'Ile-aux-Noix, on rassembla les habitants.

M. le chevalier de Lévis faisoit continuer les travaux commencés à l'Ile Sainte-Hélène, sous Montréal,
depuis le 7, par des batteries et retranchements de
même qu'à la rive du Nord du fleuve pour défendre
le courant de Sainte-Marie.

Le 10

M. de Bourlamaque se porta à Sorrel.

Le 11

La flotte angloise avança dans le lac. M. de Bourlamaque, voyant que les travaux ne pourroient être
finis à temps, et que les troupes qui étoient dans les
îles pouvoient être coupées les replia à Sorrel où il
travailla à se fortifier.

Le 12

Ils sortirent du lac, passèrent les chenaux et devant

Sorrel où ils tirèrent quelques coups de canon sur les travailleurs, et mouillèrent à la tête des îles, vis-à-vis le bas de la paroisse de Noray.

LE 13

Ils avancèrent jusqu'au bas des Iles Plates. Le bataillon de la Marine qui étoit dans l'Ile de Montréal eut ordre, le lendemain, d'aller camper à l'Ile Sainte-Hélène.

LE MÊME JOUR

Ils redescendirent avec la flotte jusqu'au vis-à-vis de Sorrel, ce qui fit prendre le parti à M. de Bourlamaque, qui les avoit suivis, n'ayant laissé qu'un poste à Sorrel, d'y remarcher à la hâte ; il travailla à s'y fortifier de nouveau. Les ennemis parurent se mettre en disposition d'y tenter une descente.

LE 14

M. le chevalier de Lévis se porta à Berthier, où le corps de M. Dumas étoit déjà arrivé. Le général Murray fut joint le 18 par la division de lord Rollo. Il y resta jusqu'au 17, où, ayant vu remonter la flotte jusqu'à trois lieues au-dessus, il reçut un courrier de Montréal, d'où on lui mandoit que les ennemis paroissoient du côté du lac Champlain, que les

barques que nous avions au lac Ontario s'étoient reti-
rées et avoient été prises et que les ennemis marchoient en force à la tête des Rapides. M. de Lévis
avoit formé le projet, en se rapprochant de Montréal,
de rassembler ses forces et d'aller attaquer le corps
des ennemis qui arriveroit le premier; mais il ne put
exécuter ce projet, le général avançant toujours par
eau sur Montréal, dont il se seroit aisément emparé,
cette ville n'étant pas à l'abri d'un coup de main.

L'armée angloise du lac Champlain fit sa descente
au Sud de la rivière, demi-lieue au-dessus de l'Ile-
aux-Noix, et travailla à s'ouvrir un chemin pour communiquer à la Rivière du Sud, et par ce portage se
trouver au-dessous de l'Ile. On mouilla les bâtiments
pour défendre le débouché de cette rivière; on renforça le corps qui devoit défendre l'île, qui avoit été
mise dans le meilleur état de défense qu'il fut possible, ayant fait passer au sieur de Bougainville tous
les secours nécessaires. Le régiment de la Reine et
Royal-Roussillon furent envoyés à Saint-Jean aux
ordres de M. de Roquemaure; il fut renforcé dans la
suite de tous les miliciens du gouvernement de Montréal. Le chevalier de la Corne fut destiné avec quatre
cents hommes à aller jusqu'au fort Lévis, que l'on
avoit attaqué, avec ordre de faire mine de vouloir
défendre les Rapides. On comptoit que le fort Lévis
se défendroit longtemps, vu la bonté de sa position;
mais il fut pris dans trois jours, ayant été renversé
par la nombreuse artillerie des ennemis. Le chevalier

de la Corne, en se retirant aux Cèdres, comme il avoit ordre, fut abandonné par son détachement, qui étoit tout d'habitants de l'Ile Pérault ou de Montréal.

LE 19

Le chevalier de la Pause fut envoyé par M. le chevalier de Lévis pour voir les dispositions de défense qui y avoient été faites et pour lui en rendre compte. Il en repartit le 20, dans la nuit. Les ennemis travailloient depuis deux jours aux batteries. Ils avoient débarqué le 14. Cette armée étoit composée de quatre bataillons de troupes réglées, de quelques régiments provinciaux, huit cents coureurs de bois, faisant en tout huit à neuf mille hommes accompagnés de cinq bâtiments armés de canon de dix-huit à vingt pièces chacun, deux batteries flottantes portant du 24 et nombre de carcassières.

LE 23

Ils commencèrent à tirer dans les retranchements de l'Ile-aux-Noix.

LE 25

Au matin, les ennemis, ayant dans la nuit mené des pièces de campagne vis-à-vis de nos bâtiments qui étoient mouillés trop près de terre à l'embouchure de la rivière du Sud, les canonnèrent de si près de terre et avec tant de vivacité que, le capitaine ayant été tué et partie de l'équipage tué ou blessé, le reste se jeta à l'eau pour se sauver. Comme l'on avoit coupé le câble, le vent jeta ce bâtiment sur la côte. Les ennemis furent s'en rendre maîtres et le mirent à flot, et, ayant attaqué les autres bâtiments, ils s'en rendirent maîtres. Ce contretemps nous ayant fait perdre notre petite marine, les ennemis se disposèrent à faire passer des berges dans la rivière du Sud. Après cet accident, il fut mandé au sieur de Bougainville de soutenir ce poste le plus qu'il seroit possible, et, lorsqu'il se verroit hors d'état de le soutenir, de se retirer, s'il le pouvoit encore, ce qu'il exécuta le 27, se voyant totalement tourné et coupé, de l'avis du conseil de guerre qu'il tint à ce sujet, en ne laissant que les écloppés avec une cinquantaine d'hommes qui avoient ordre de capituler le lendemain. M. de Bougainville se retira avec le reste de son détachement par la rive gauche de la Rivière Saint-Jean, marchant à travers les bois ; et ce ne fut qu'avec beaucoup de peine qu'il put se rendre auprès de Saint-Jean dans la journée du 28.

Le 28

Le corps qui étoit à Saint-Jean ayant vu paroître le matin avant le jour quelques berges, se porta à une grande portée de canon en arrière dudit fort, où l'on resta le 28 et le 29 en disposition de se retirer derrière la Rivière de Montréal à l'approche des ennemis ; on avoit envoyé garnison au fort Chambly et à Sainte-Thérèse, avec ordre à ce dernier poste de le brûler et de se retirer à Chambly.

Les Canadiens revenus de l'Ile-aux-Noix se retirèrent dans leurs paroisses, et, ayant jeté l'épouvante parmi ceux qui étoient à Saint-Jean, ils s'en allèrent de même ; il y eut aussi de la désertion parmi les troupes.

Dans la nuit du 29, les ennemis venant en force sur Saint-Jean avec grand nombre de berges, M. de Roquemaure y fit mettre le feu et se replia derrière le ravin de Montréal, entre Saint-Jean et la Prairie.

M. Murray, dès le 25, avoit mis à la voile et, étant monté jusqu'à quatre lieues au-dessous de Montréal, le détachement de M. de Bourlamaque qui les suivoit par le Sud, et celui de Dumas par le Nord, montèrent l'un jusqu'à Longueil et Boucherville et l'autre passa dans l'Ile de Montréal.

LE 30 ET LE 31

Les ennemis restèrent à Saint-Jean sans faire de mouvements.

SEPTEMBRE

Le 1er, M. le chevalier de Lévis, voyant le corps aux ordres de M. de Bourlamaque à même de se joindre et voulant tenter une action contre l'armée qui étoit à Saint-Jean, fut reconnoître la position de M. de Roquemaure et revint pour conférer avec M. de Bourlamaque. Il avoit appris que le sieur Murray avoit fait descendre un corps à Varennes. Il donna ordre à M. de Roquemaure de se replier le soir à la Prairie, après avoir laissé un poste à la jonction du chemin de Saint-Jean et Chambly à la Prairie. Il avoit appris aussi que les ennemis paroissoient se porter de Saint-Jean vers Chambly; après avoir pris avec M. de Bourlamaque tous les arrangements pour se joindre et combattre le corps de Saint-Jean, il se rendit à Montréal.

On n'avoit aucune nouvelle des Rapides. Le chevatier de la Corne étoit encore aux Cèdres.

LE 2

M. le chevalier de Lévis ayant convoqué tous les sauvages à la Prairie pour les porter à le seconder dans son dessein, pendant qu'il les haranguoit, il vint un député de leur village leur annoncer que la paix étoit faite entre eux et les Anglois, lesquels étoient aux Cèdres. Dans ce moment, ils se dispersèrent et laissèrent M. le chevalier de Lévis tout seul, avec les officiers, lequel ayant eu avis aussitôt par le chevalier de la Corne que le fort Lévis avoit été pris, que M. Amherst descendoit avec une armée de quinze mille hommes, qu'il arrivoit aux Cèdres et que, s'il faisoit diligence, il pouvoit être le lendemain à Montréal, prit sur cela la résolution de faire replier sur l'Ile de Montréal tous les corps qui étoient au sud, ce qui fut exécuté avec beaucoup d'ordre le lendemain matin, malgré le manque de bateaux qui obligea à faire plus d'ouvrage. Le corps de M. de Bourlamaque se porta au-dessous de la ville et celui de M. Roquemaure au-dessus, et celui du sieur Dumas continua d'occuper le bas de l'île.

Le sieur Murray s'étendit le long de la côte du sud. Il est à observer qu'il n'avoit mis à terre dans la descente qu'il avoit faite qu'un détachement qui se tenoit toujours prêt à se rembarquer dans le moment qu'on auroit pu marcher à lui, ce qui fut cause que nous ne pûmes jamais le combattre. Et on ne pouvoit s'écarter de la ville de Montréal où le sieur Murray se tenoit à portée de pouvoir entrer dans quatre heures. M. le chevalier de Lévis fut reconnoître le haut de l'île. Nos forces et l'éloignement de la ville ne nous permirent pas de tenter de le défendre.

Le 6

L'armée du général Amherst, qui avoit séjourné à l'Ile Pérault, se mit en mouvement. Nos volontaires à cheval, qui étoient au bout de l'île, ayant voulu trop attendre, les berges allant plus vite que leurs chevaux, elles arrivèrent à la Chine en même temps qu'eux. Ils furent poursuivis, mais ils se sauvèrent à deux ou trois près. Il étoit environ onze heures du matin, et toute leur armée se mit en mouvement, après avoir débarqué, pour se porter vers la ville. Les volontaires se retirèrent pied à pied. On avoit mandé au sieur Dumas de se serrer vers la ville, et sur le champ on prit la résolution de se retirer dans la ville, M. Amherst étant venu camper à un quart de lieue. Il ne restoit plus alors que les troupes, tous les habitants s'étant sauvés chez eux ; nombre de soldats mariés furent joindre leurs femmes, de sorte que tout ce qui restoit de combattants ne passoit pas deux mille. On avoit à peine des munitions pour une affaire de mousqueterie et des vivres pour environ quinze à vingt jours. L'armée du général Amherst étoit composée de quinze mille hommes ; celle de M. Murray, de quatre mille hommes, et celle du lac Champlain, de neuf à dix mille, pouvoient se joindre dans une heure avec plus de cent cinquante bouches à feu.

Pendant la nuit, il fut tenu une assemblée chez M. le marquis de Vaudreuil, composée des principaux officiers des troupes de terre et de la Marine. M. Bigot, intendant, lut un mémoire sur la capitulation de la colonie et l'état actuel de ses affaires, et un projet de capitulation.

Comme la désertion totale des Canadiens et celle d'un grand nombre de soldats avoit réduit les troupes au nombre d'environ deux mille quatre cents, tout au plus, que les sauvages domiciliés avoient fait leur paix avec les Anglois, et même leur avoient offert de prendre

les armes pour achever de nous réduire, que la ville de
Montréal étoit tout au plus à l'abri d'un coup de main,
qu'on ne doutoit pas que le brigadier Murray ne
débarquât dans l'Ile de Montréal le lendemain matin,
que le corps qui avoit pris l'Ile-aux-Noix pouvoit
aisément se joindre au brigadier et entourer l'Ile
Sainte-Hélène, dans laquelle on n'avoit pu jeter que
cinq cents hommes, et comme il étoit impossible de
combattre l'armée qui étoit à la vue de Montréal avec
plus de douze cents hommes, ne pouvant laisser moins
de la moitié des troupes à la garde de la ville et de
l'Ile Sainte-Hélène, les munitions d'ailleurs étant
réduites à six milliers de poudre, tout le monde
pensa, comme le marquis de Vaudreuil, que l'intérêt
général de la colonie exigeoit que les choses ne fussent
pas poussées à la dernière extrémité, et qu'il conve-
noit de préférer une capitulation avantageuse aux
peuples et honorable aux troupes, qu'elle conservoit
au Roi, à une défense opiniâtre qui ne différeroit que
de deux jours la perte du pays. En conséquence le
sieur de Bougainville fut envoyé pour proposer une
suspension d'armes pour un mois, laquelle ayant été
refusée, n'ayant accordé que six heures pour se déterminer, on y renvoya à dix heures pour la capitulation
dont on avoit minuté les articles et fait lecture dans
la susdite assemblée.

Les habitants de la ville refusèrent de prendre les
armes. On avait laissé un bataillon de la colonie dans
l'Ile Sainte-Hélène. La Marie, qui étoit armée avec
le plus d'artillerie qu'on avoit pu y mettre, les deux

galères et les batteries qu'on avoit sur l'Ile Sainte-Hélène et à l'Ile de Montréal défendoient le passage du courant Sainte-Marie contre la flotte du général Murray, le reste des troupes étoit posté le long des murailles de la ville, ayant laissé quelques détachements dans les faubourgs.

L'armée du sieur Murray fit sa descente à dix heures du matin à la Pointe-aux-Trembles et se mit en marche jusqu'à la Longue-Pointe, où elle s'arrêta sur ce qu'on lui fit dire que l'on étoit en pourparlers pour capituler ; mais il avança le soir jusqu'aux faubourgs de la ville.

Le général Amherst minuta à la marge ce qu'il voulut accorder à chaque article. Il accorda presque tout excepté les honneurs demandés pour les troupes, voulant qu'elles missent bas les armes et qu'elles ne servissent pas de la présente guerre.

Cet article parut trop humiliant pour s'y soumettre. On renvoya M. de Bougainville pour faire des représentations sur cet article ; mais le général ne voulut point l'entendre. On y renvoya dans la nuit M. de la Pause pour lui proposer de mettre seulement au Canada ou en Amérique en entreligne ; mais il ne voulut rien changer. M. le chevalier de Lévis, et les principaux officiers des troupes de terre firent sur cela vocalement les plus vives représentations à M. de Vaudreuil pour le porter à prendre un des partis qu'on lui proposait. A la fin, M. le chevalier de Lévis lui présenta le mémoire ci-après au nom des troupes qu'il commandoit.

20

Mémoire à M. le marquis de Vaudreuil.

Aujourd'ui, 8 septembre 1760.

M. le marquis de Vaudreuil, gouverneur général de la Nouvelle-France, nous ayant communiqué les articles de la capitulation qu'il a proposés au général anglois pour la reddition du Canada et les réponses à ses articles, et ayant lu dans lesdites réponses que ce général exige pour dernière résolution que les troupes mettent bas les armes et ne serviront point pendant tout le cours de la présente guerre, nous avons cru devoir lui représenter, en notre nom et en celui des officiers principaux et autres des troupes de terre que cet article de la capitulation ne peut être plus contraire au service du Roi et à l'honneur de ses armes, puisqu'il prive l'Etat du service que pourroient lui rendre pendant tout le cours de la présente guerre huit bataillons de troupes de terre et deux de celles de la marine, lesquelles ont servi avec courage et distinction, service dont l'Etat ne seroit pas privé si les troupes étoient prisonnières de guerre et même prises à discrétion.

En conséquence, nous demandons à M. de Vaudreuil de rompre présentement tout pourparlers avec le général anglois et de se déterminer à la plus vigoureuse défense dont notre position actuelle puisse être susceptible.

Nous occupons la ville de Montréal qui, quoique très mauvaise et hors d'état de soutenir un siège, est à l'abri d'un coup de main et ne peut être prise sans canon. Il seroit inouï de se soumettre à des conditions si dures et si humiliantes' pour les troupes, sans être canonnés.

D'ailleurs, il reste encore assez de munitions pour soutenir un combat, si l'ennemi vouloit nous attaquer l'épée à la main, et pour en livrer un, si M. de Vaudreuil veut tenter la fortune, quoique avec des forces extrêmement disproportionnées et peu d'espoir de réussir.

Si M. le marquis de Vaudreuil, par des vues politiques, se croit obligé de rendre présentement la colonie aux Anglois, nous lui demandons la liberté de nous retirer avec les troupes dans l'Ile Sainte-Hélène, pour y soutenir en notre nom l'honneur des armes du Roi, résolus de nous exposer à toutes sortes d'extrémités plutôt que de subir des conditions qni nous y paroissent si contraires.

Je prie M. le marquis de Vaudreuil de mettre sa réponse par écrit au bas du présent mémoire.

Signé : LE CHEVALIER DE LÉVIS.

Réponse de M. le marquis de Vaudreuil.

Attendu que l'intérêt de la colonie ne nous permet pas de refuser les conditions proposées par le général anglois, lesquelles sont avantageuses au pays dont le sort m'est confié, j'ordonne à M. le chevalier de Lévis de se conformer à la présente capitulation, et faire mettre bas les armes aux troupes.

A Montréal, le 8 septembre 1760.

Signé :   VAUDREUIL.

M. le chevalier de Lévis voyant avec douleur que rien ne pouvoit faire changer la détermination de M. le marquis de Vaudreuil, voulant épargner aux troupes une partie de l'humiliation qu'elles alloient subir, leur ordonna de brûler leurs drapeaux pour se soustraire à la dure condition de les remettre aux ennemis.

Le général Anglois avoit donné jusqu'à six heures du matin, mais il en étoit huit quand on fut leur porter l'acceptation. Il fut convenu qu'ils viendroient le soir même occuper le faubourg des Récollets.

LE 9

Ils envoyèrent un détachement sur la Place d'armes avec de l'artillerie, où nos bataillons se rendirent pour y mettre bas les armes, l'un après l'autre, et retourner ensuite au camp qu'ils occupoient sur le rempart. M. le chevalier de Lévis fut ensuite en faire la revue. Les ennemis s'emparèrent des postes et de toute la garde de la ville.

LE 10

On envoya des détachements pour aller chercher les équipages que chaque bataillon avoit dans ses quartiers.

LE 11, 12 ET 13

Les Anglois renvoyèrent leurs milices, firent leurs arrangements pour les garnisons et disposèrent les bâtiments pour nous embarquer.

LE 14

On fit embarquer Languedoc, Berry et la Marine;

LE 15

Royal-Roussillon, la Sarre et Guyenne;

LE 16

La Reine et Béarn.

Avant leur départ, M. le chevalier de Lévis remit à chaque commandant de corps l'instruction ci-après leur prescrivant d'en donner copie à tous ceux qui commanderoient des bâtiments. Le 17 il partit pour Québec avec M. de Bourlamaque; M. de Vaudreuil et Bigot ne partirent que le 20 et 21.

Instructions à Messieurs les commandants de bataillon.

ARTICLE 1er

Messieurs les commandants de bataillon, avant de s'embarquer, feront la revue du linge et habillements de leur bataillon, dont ils tiendront les états. A leur arrivée en France, ils en feront une autre et tiendront la main à ce que les soldats ne vendent ni ne dissipent mal à propos leurs équipements.

ARTICLE 2

Les compagnies seront embarquées en entier et toutes du même bataillon ; le commandant s'embarquera sur le navire où sera le plus grand nombre, et les officiers avec leurs compagnies ; et, dans tel endroit où ils aillent, ils ne les quitteront point sans une permission de la cour ; et le commandant ne pourra leur donner de congés, de même qu'aux soldats.

ARTICLE 3

Les commandants tiendront la main à ce que les soldats soient payés, en lettres de change, de leur solde du 1er juillet au 1er septembre 1760, et, en remboursement en billets de monnoie, la solde qu'ils ont reçue du 1er janvier au 1er mai et à ce que les sommes pro-

venantes des successions des soldats morts, qui sont
encore entre les mains de l'officier chargé du détail ou
des capitaines, soient envoyées à leurs héritiers, ainsi
qu'il a été décidé par le ministre.

Ils feront rendre compte aux familles des successions des officiers qui ont été tués ou qui sont morts
en Canada.

ARTICLE 4

Dans la traversée, ils feront faire la garde du quart
à leurs troupes de façon qu'il y en ait toujours la
moitié ou le tiers sur le pont, pour éviter les maladies
et l'infection qui ne manqueroit pas de s'y mettre s'ils
ne prenoient l'air chacun à leur tour.

On nommera un nombre d'officiers pour faire le
quart, contenir les soldats et faire relever aux heures
réglées et les représentations convenables pour leur
soulagement.

ARTICLE 5

On désignera à chaque compagnie l'endroit où elle
devra se placer dans l'entrepont ; les sergents seront
placés avec elles ou à portée et rendront compte aux
officiers de quart ou de visite de tout ce qu'il y aura
d'intéressant.

ARTICLE 6

Il y aura un officier major qui assistera aux distributions qu'on fera, ainsi qu'un sergent par compagnie, et plus grand nombre d'officiers s'il est nécessaire.

ARTICLE 7

On nommera tous les jours des officiers et sergents pour visiter les compagnies lesquels seront chargés de la propreté, feront mettre branle-bas et nettoyer l'entrepont ou la cale tous les jours que le temps le permettra, assisteront aux repas des troupes et rendront compte des malades.

ARTICLE 8

Dans le premier port de France où ils arriveront, ils feront lire les détails militaires à la troupe, tiendront la main à la plus exacte discipline, établiront une garde de police, nommeront des officiers pour faire la visite, l'inspection, les appels, et veiller à ce que les soldats fassent ordinaire et à leur propreté. Les officiers visiteront leurs compagnies le plus souvent qu'il leur sera possible.

ARTICLE 9

Dans le premier port de Franc où ils débarqueront, ils demanderont au commandant pour le Roi de leur faire fournir le logement et la subsistance et rendront compte au ministre de la guerre de leur arrivée pour recevoir ses ordres, si je ne suis arrivé dans le port, ou M. de Bourlamaque.

ARTICLE 10

Ils ne donneront point aux Anglois d'autres états que ceux qui ont été donnés ici par moi, et ni eux ni leurs officiers ne signeront aucune obligation.

S'ils étoient transportés ailleurs qu'en France, ils feront les plus vives représentations et ne permettront qu'à un officier de passer en France pour donner de leurs nouvelles à la cour, et persisteront à demander de suivre le sort de leurs troupes dans telle circonstance que ce soit.

ARTICLE 11

Ils recommanderont aux officiers d'être très réservés et retenus dans leurs propos vis-à-vis des Anglois et de contenir leurs soldats.

Arrivés à Québec ou dans la rivière, ils auront attention de ne permettre d'aller à terre, s'ils sont à bord qu'aux soldats dont ils seront sûrs et en très petit nombre ou point, s'il se peut.

ARTICLE 12

Supposé qu'on ne puisse embarquer tout un bataillon sur un bâtiment, il sera remis copie de la présente instruction à celui qui commandera les compagnies détachées de l'état major.

ARTICLE 13

J'ai l'honneur de prévenir Messieurs les commandants de bataillon que j'enverrai ou remettrai moi-même copie de la présente instruction au ministre vis-à-vis duquel ils seront responsables de tout ce qui n'aura pas été exactement exécuté.

Tout ce qui compose le corps des troupes de terre qui sont au Canada me doit la justice de croire que j'ai fait jusqu'à ce jour tout ce qui a dépendu de moi pour leur avantage. Arrivé à la cour, je ferai valoir la façon distinguée avec laquelle elles ont servi, et mon possible pour leur procurer toutes les grâces dont ils peuvent être susceptibles. Je solliciterai vivement le paiement de leurs lettres de change et ordonnances. Dans les occasions, je serai leur avocat et serai très charmé de leur donner de nouvelles preuves de l'attachement et amitié que je leur ai toujours témoigné ; et je me flatte qu'ils m'accorderont la continuation de la leur.

Tous les bâtiments restèrent dans la rivière sans pouvoir avoir le vent favorable jusqu'au 10 et 11 qu'ils arrivèrent à Québec. Les Anglois avoient embarqué déjà un détachement de la Marine et de Béarn, qui étoit descendu en bateau. Les bâtiments partirent de Québec en détail pendant tout le reste du mois. M. le chevalier de Lévis partit le 18 octobre et n'arriva à La Rochelle que le 26 novembre. Les autres bâtiments arrivèrent dans différents ports dans le mois de décembre. M. le chevalier de Lévis arriva à Paris le 6 décembre.

Etat de la revue faite à Montréal le 9 septembre 1760.

	Soldats présents.	A l'hôpital ou malades.	Dans les camps agniés.	Désertés ou disparus.	Absents.	Total.	Officiers présents.	Officiers passés en France.
Reine...................	276	34	36	77	7	430	21	1
Sarre.....................	186	24	33	101	18	362	19	8
al-Roussillon...............	240	30	27	72	7	376	24	6
iguedoc.....................	154	36	53	90	40	373	23	8
yenne....................	224	36	40	64	22	386	23	7
ry	588	68	60	78	22	816	46	10
rn	285	13	8	66	6	378	23	6
Totaux.....................	1,953	241	257	548	122	3,121	179	46

RÉCAPITULATION.

```
{ Officiers présents...........................   179 }  2,132 }
{ Soldats présents...........................  1,953 }        }  2,419
{ Officiers passés en France...............    46 }    287 }
{ Soldats invalides..........................   241 }
    Soldats désertés ou absents du
        régiment.........................................................   927
                                                                         ———
                                                                         3,346
```

ARTICLES DE CAPITULATION

Entre Son Excellence le général Amherst, commandant en chef les troupes et forces de Sa Majesté Britannique en Amérique Septentrionale

ET

Son Excellence M. le marquis de Vaudreuil, Grand-Croix de l'Ordre royal et militaire de Saint-Louis, gouverneur et lieutenant général pour le Roi en Canada.

ARTICLE 1er

Vingt-quatre heures après la signature, le général anglois fera prendre par les troupes de Sa Majesté Britannique possession des portes de la ville de Montréal, et la garnison angloise ne pourra y entrer qu'après l'évacuation des troupes françoises.

Toute la garnison de Montréal doit mettre bas les armes et ne servira point pendant la présente guerre.

Immédiatement après la signature de la présente, les troupes du Roi prendront possession des portes et posteront les gardes nécessaires pour maintenir le bon ordre dans la ville.

ARTICLE 2

Les troupes et les milices qui seront en garnison dans la ville de Montréal en sortiront par la porte de..................... avec tous les honneurs de la guerre, six pièces de canon et un mortier qui seront chargés dans le vaisseau où le marquis de Vaudreuil embarquera avec dix coups à tirer par pièce. Il en sera de même pour la garnison des Trois-Rivières pour les honneurs de la guerre.

Toutes ces troupes ne doivent point servir pendant la présente guerre et mettront pareillement les armes bas. Le reste est accordé.

ARTICLE 3

Les troupes qui seront en garnison dans le fort de Jacques Cartier et dans l'Ile Sainte-Hélène et autres forts, seront traitées de même et auront les mêmes honneurs, et ces troupes se rendront à Montréal, aux Trois-Rivières ou à Québec pour y être toutes embarquées pour le premier port de France par le plus court chemin.

Les troupes qui sont dans nos forts situés sur nos frontières du côté de l'Acadie au détroit de Michilimakina et autres postes jouiront des mêmes honneurs et seront traitées de même.

ARTICLE 4

Accordé.

Les milices, après avoir sorti de la ville et des forts et postes ci-dessus, retourneront chez eux sans pouvoir être inquiétées sous quelque prétexte que ce soit pour avoir porté les armes.

ARTICLE 5

Ces troupes doivent, comme les autres, mettre bas les armes.

Les troupes qui tiennent la campagne lèveront leur camp, marcheront tambour battant, armes, bagages, avec leur artillerie pour se joindre à la garnison de Montréal, et auront en tout le même traitement.

ARTICLE 6

Refusé.

Les sujets de Sa Majesté Britannique et de Sa Majesté Très Chrétienne, soldats, miliciens ou matelots qui auront déserté ou laissé le service de leur Souverain et porté les armes dans l'Amérique Septentrionale seront de part et d'autre pardonnés de leurs crimes ; ils seront respectivement rendus à leur patrie, sinon ils resteront chacun où ils sont sans qu'ils puissent être recherchés ou inquiétés.

ARTICLE 7

C'est tout ce qu'on peut demander sur cet article.

Les magasins, l'artillerie, fusils, sabres, munitions de guerre et généralement tout ce qui appartient à Sa Majesté Très Chrétienne, tant dans les villes de Montréal et Trois-Rivières que dans les forts et postes mentionnés en l'article 3, seront livrés par des inventaires exacts aux commissaires qui seront préposés pour les recevoir au nom de S. M. B. Il sera remis au marquis de Vaudreuil des expéditions en bonne forme desdits inventaires.

ARTICLE 8

Les malades et blessés seront traités de même que nos propres gens.

Les officiers, soldats, miliciens, matelots et même les sauvages détenus pour cause de leurs blessures ou maladies, tant dans les hôpitaux que dans les maisons particulières jouiront du privilège du cartel et seront traités conséquemment.

ARTICLE 9

Le premier refusé ; il n'y a point-eu de cruautés commises par les sauvages de notre armée et le bon ordre sera maintenu.

Le général anglois s'engagera de renvoyer chez eux les sauvages, Indiens et Moraïgans qui font nombre de ses armées, d'abord après la signature de la présente capitulation ; et, cependant, pour prévenir tout dé-sordre de la part de ceux qui ne seroient pas partis, il sera donné par ce général des sauve-gardes aux personnes qui en demanderont, tant en ville que dans les campagnes.

ARTICLE 10

Répondu par l'article précé-dent.

Le général de S. M. B. garan-tira tous désordres de la part des troupes, les assujettira à payer les dommages qu'elles pourroient faire tant dans les villes que dans les campagnes.

ARTICLE 11

Le marquis de Vaudreuil et tous ces Messieurs seront maî-tres de leurs maisons et s'em-barqueront dès que les vais-seaux du Roi seront prêts à faire voile pour l'Europe et on leur accordera toutes les com-modités que l'on pourra.

Le général anglois ne pourra obliger le marquis de Vaudreuil de sortir de la ville de Montréal avant le.................. et on ne pourra loger personne dans son hôtel jusqu'à son départ.

M. le chevalier de Lévis, commandant les troupes de terre, les officiers principaux et majors des troupes de terre et de la colonie, les ingénieurs, officiers d'artillerie et commis-saires des guerres resteront pa-reillement à Montréal jusqu'au-dit jour et y conserveront leurs logements. Il en sera usé de même à l'égard de M. Bigot, in-tendant, des commissaires de la marine et officiers de plume, dont mon dit sieur Bigot aura besoin, et on ne pourra égale-ment loger personne à l'inten-dance avant le départ de cet intendant.

ARTICLE 12

Accordé excepté les archives

Il sera destiné, pour le pasqui pourront être nécessaires pour le gouvernement du pays.

sage en droiture au premier port de mer en France du marquis de Vaudreuil, le vaisseau le plus commode qui se trouvera; il y sera pratiqué les logements nécessaires pour lui, Mme la marquise de Vaudreuil, M. de Rigaud, gouverneur de Montréal, et la suite de ce général. Ce vaisseau sera pourvu de subsistances convenables aux dépens de S. M. B., et le marquis de Vaudreuil emportera avec lui ses papiers sans qu'ils puissent être visités, et il embarquera ses équipages, vaisselle, bagages et ceux de sa suite.

ARTICLE 13

Ce que le Roi pourroit avoir fait à ce sujet sera obéi.

Si, avant ou après l'embarquement du marquis de Vaudreuil, la nouvelle de la paix arrivoit et que par le traité le Canada restât à Sa Majesté Très Chrétienne, le marquis de Vaudreuil reviendroit à Québec ou à Montréal, toutes les choses resteroient dans leur premier état sous la domination de Sa Majesté Très Chrétienne et la présente capitulation deviendroit nulle et sans effet quelconque.

ARTICLE 14

Accordé, excepté que M. le marquis de Vaudreuil et tous les officiers, de quelque rang qu'ils puissent être, nous remettront de bonne foi toutes les cartes et plans du pays.

Il sera destiné deux vaisseaux pour le passage en France de M. le chevalier de Lévis, des officiers principaux et état-major général des troupes de terre, ingénieurs, officiers d'artillerie et gens qui sont à leur suite. Ces vaisseaux seront également pourvus de subsistances, et il sera pratiqué les logements nécessaires. Ces officiers pourront emporter leurs papiers, qui ne seront point visités, leurs équipages et bagages. Ceux de ces officiers qui seront mariés auront la liberté d'emmener avec eux leurs femmes et enfants et la subsistance leur sera fournie.

ARTICLE 15

Accordé avec la même réserve que par l'article précédent.

Il en sera de même destiné un pour le passage de M. Bigot, intendant, et de sa suite, dans lequel vaisseau il sera fait les aménagements convenables pour lui et les personnes qu'il emmènera. Il y embarquera également ses papiers, qui ne seront point visités, ses équipages, vaisselle et bagages et ceux de sa suite. Ce vaisseau sera pourvu de subsistances comme il est dit ci-devant.

ARTICLE 16

Accordé.

Le général anglois fera aussi fournir pour M. de Longueil, gouverneur des Trois-Rivières, pour les états majors de la colonie et les commissaires de la marine, les vaisseaux nécessaires pour se rendre en France et le plus commodément qu'il sera possible; ils pourront y embarquer leurs familles, domestiques, bagages et équipages, et la subsistance leur sera fournie pendant la traversée sur un pied convenable aux dépens de S. M. B.

ARTICLE 17

Accordé.

Les officiers et soldats, tant

21

des troupes de terre que de la colonie, ainsi que les officiers marins et matelots qui se trouveront dans la colonie seront aussi embarqués pour France dans les vaisseaux qui leur seront destinés en nombre suffisant et le plus commodément que faire se pourra. Les officiers des troupes et marins, qui seront mariés, pourront emmener avec eux leurs familles, et tous auront la liberté d'embarquer leurs domestiques et bagages. Quant aux soldats et matelots, ceux qui seront mariés pourront emmener avec eux leurs femmes et enfants, et tous embarqueront leurs havresacs et bagages. Il sera embarqué dans les vaisseaux les subsistances convenables et suffisantes aux dépens de S. M. B.

Article 18

Accordé.

Les officiers, soldats et tous ceux qui sont à la suite des troupes, qui auront leurs bagages dans les campagnes pourront les envoyer chercher avant leur départ sans qu'il leur soit fait aucun tort ni empêchement.

Article 19

Accordé.

Il sera fourni par le général anglois un bâtiment d'hôpital pour ceux des officiers, soldats et matelots blessés ou malades qui seront en état d'être transportés en France, et la subsistance leur sera fournie aux dépens de S. M. B.

Il en sera usé de même à l'égard des autres officiers, soldats, matelots blessés ou malades, aussitôt qu'ils seront rétablis.

Les uns et les autres pourront emmener leurs femmes, enfants, domestiques et bagages, et lesdits matelots et soldats ne pourront être sollicités ni forcés à prendre parti dans le service de S. M. B.

ARTICLE 20

Accordé.

Il sera laissé un commissaire et un écrivain de Roi pour avoir soin des hôpitaux et veiller à tout ce qui aura rapport au service de S. M. Très Chrétienne.

ARTICLE 21

Accordé ; mais s'ils ont des papiers qui concernent le gouvernement du pays, ils doivent nous les remettre.

Le général anglois sera obligé également de fournir des vaisseaux pour le passage en France des officiers du Conseil supérieur de justice, police, de l'amirauté et tous autres officiers ayant commissions ou brevet de Sa Majesté Très Chrétienne, pour eux, leurs familles, domestiques et équipages, comme pour les autres officiers, et la subsistance leur sera fournie de même aux dépens de S. M. B. Il leur sera cependant libre de rester dans la colonie, s'ils le jugent à propos pour y arranger leurs affaires ou de se retirer en France, quand bon leur semblera.

ARTICLE 22

Tous ceux dont les affaires particulières exigent qu'ils restent dans le pays et qui en ont la permission de M. de Vaudreuil, seront permis de rester

S'il y a des officiers militaires dont leurs affaires obligent leurs présences dans la colonie jusqu'à l'année prochaine, ils pourront y rester après en jusqu'à ce que leurs affaires soient terminées.

avoir eu la permission du marquis de Vaudreuil et sans qu'ils puissent être requis prisonniers de guerre.

ARTICLE 23

Il sera permis au munitionnaire des vivres du Roi de demeurer au Canada jusqu'à l'année prochaine pour être en état de faire face aux dettes qu'il a contractées dans la colonie relativement à ses fournitures. Si néanmoins il préfère de passer en France cette année, il sera obligé de laisser une personne jusqu'à l'année prochaine pour faire ses affaires. Ce particulier conservera et pourra emporter ses papiers sans être visités. Ses commis auront la liberté de rester dans le pays ou de passer en France, et, dans ce dernier cas, la subsistance leur sera accordée sur les vaisseaux de Sa Majesté Britannique pour eux, leurs familles et leurs bagages.

Accordé.

ARTICLE 24

Les vivres et autres approvisionnements qui se trouvent en nature dans les magasins du munitionnaire, tant dans les villes de Montréal et des Trois-Rivières que dans les campagnes lui seront conservés, lesdits vivres lui appartenant et non au Roi. Il lui sera loisible de les vendre aux François ou aux Anglois.

Tout ce qui se trouve dans les magasins destinés à l'usage des troupes doit être délivré au commissaire anglois pour les troupes du Roi.

ARTICLE 25

Le passage en France sera également accordé sur les vais-

Accordé.

seaux de S. M. B. ainsi que la
subsistance à ceux des officiers
de la compagnie des Indes qui
voudront y passer et ils emmèneront leurs familles, domestiques et bagages. Il sera permis à l'agent principal de ladite
compagnie, supposé qu'il vou-
lût passer en France, de laisser
telle personne qu'il jugera à
propos jusqu'à l'année prochaine pour terminer les affaires de ladite compagnie et
faire le recouvrement des sommes qui lui sont dues. L'agent
principal conservera tous les
papiers de ladite compagnie et
ne pourra être visité.

ARTICLE 26

Accordé pour ce qui peut ap-
partenir à la Compagnie ou aux
particuliers ; mais si Sa Majesté Très Chrétienne y a aucune part, elle doit être au pro-
fit du Roi.

Cette compagnie fera main-
levée dans la propriété des écar-
latines et castors qu'elle peut
avoir dans la ville de Montréal;
il n'y sera point touché, sous
quelque prétexte que ce soit ; et
il sera donné à l'agent principal
les facilités nécessaires pour
faire passer cette année en
France ces castors sur les vaisseaux de S. M. B., en payant le
fret sur le pied que les Anglois
le paieront.

ARTICLE 27

Accordé pour le libre exercice de la religion ; l'obligation
de payer la dîme aux prêtres
dépendra de la volonté du Roi.

Le libre exercice de la religion catholique apostolique et
romaine subsistera en son entier, en sorte que tous les états
et les peuples des villes et des
campagnes, lieux et postes éloignés pourront continuer de
s'assembler dans les églises et
de fréquenter les sacrements,
comme ci-devant, sans être in-

quiétés en aucune manière, directement ni indirectement.

Ces peuples seront obligés par le gouverneur anglois à payer aux prêtres qui en prendront le soin, les dîmes et tous les droits qu'ils avoient accoutumé de payer sous le gouvernement de Sa Majesté Très Chrétienne.

ARTICLE 28

Accordé.

Le chapitre, les prêtres, curés et missionnaires continueront avec entière liberté leurs exercices et fonctions curiales dans les paroisses des villes et des campagnes.

ARTICLE 29

Accordé, excepté ce qui regarde l'article suivant.

Les grands vicaires, nommés par le chapitre pour administrer le diocèse pendant la vacance du siège épiscopal, pourront demeurer dans les villes ou paroisses des campagnes, ainsi qu'ils le jugeront à propos. Ils pourront en tout temps visiter les différentes paroisses du diocèse avec les cérémonies ordinaires et exercer toute la juridiction qu'ils exerçoient sous la domination françoise. Ils jouiront des mêmes droits en cas de mort du futur évêque dont il sera parlé à l'article suivant.

ARTICLE 30

Refusé.

Si, par le traité de paix, le Canada restoit au pouvoir de S. M. B., S. M. T. Chrét. continueroit à nommer l'évêque de la colonie, qui seroit toujours de la communion romaine, sous l'autorité duquel les peuples exerceroient la religion romaine.

ARTICLE 31

Cet article est compris sous le précédent.

Pourra le Seigneur évêque établir, dans le besoin, de nouvelles paroisses et pourvoir au rétablissement de la cathédrale et de son palais épiscopal, et il aura, en attendant, la liberté de demeurer dans les villes ou paroisses, comme il le jugera à propos. Il pourra visiter son diocèse avec les cérémonies ordinaires et exercer toute la juridiction que son prédécesseur exerçoit sous la domination françoise, sauf à exiger de lui le serment de fidélité, ou promesse de ne rien faire ni rien dire contre le service de S. M. B.

ARTICLE 32

Accordé.

Les communautés de filles seront conservées dans leurs constitutions et privilèges. Elles continueront d'observer leurs règles. Elles seront exemptes du logement des gens de guerre et il sera fait défense de les troubler dans les exercices de piété qu'elles pratiquent, ni d'exercer chez elles. On leur donnera même des sauvegardes, si elles le demandent.

ARTICLE 33

Refusé jusqu'à ce que le plaisir du Roi soit connu.

Le précédent article sera pareillement exécuté à l'égard des communautés des Jésuites et des Récollets et de la maison des Prêtres de Saint-Sulpice à Montréal, lesquels conserveront le droit qu'ils ont de nommer à certaines cures et missions comme ci-devant.

ARTICLE 34

Accordé.

Toutes les communautés et

Ils seront les maîtres de disposer de leurs biens et d'en passer le produit, ainsi que leurs personnes et tout ce qui leur appartient, en France.

tous les prêtres conserveront leurs meubles, la paroisse et l'usufruit des seigneuries et autres biens que les uns et les autres possèdent sur la colonie, de quelque nature qu'ils soient et lesdits biens seront conservés dans leurs privilèges, droits, honneurs et exemptions.

ARTICLE 35

Si les chanoines, prêtres et missionnaires, les prêtres des Missions étrangères et de Saint-Sulpice, ainsi que les Jésuites et les Récollets veulent passer en France, le passage leur sera accordé sur les vaisseaux de S. M. B., et tous auront la liberté de vendre en total ou partie les biens fonds et mobiliers qu'ils possèdent dans la colonie, soit aux François ou aux Anglois, sans que le Gouvernement Britannique puisse y mettre le moindre empêchement ni obstacle.

Ils pourront emporter avec eux ou faire passer en France le produit, de quelque nature qu'il soit, desdits biens vendus, en payant le fret, comme il est dit à l'article vingt-sixième; et ceux d'entre ces prêtres qui voudront passer cette année seront nourris pendant la traversée aux dépens de Sa Majesté Britannique et pourront emporter avec eux leurs bagages.

ARTICLE 36

Accordé.

Si, par le traité de paix, le Canada reste à Sa Majesté Britannique, tous les François, Canadiens, Acadiens, commerçants et autres personnes qui voudront se retirer en France,

en auront la permission du général Anglois, qui leur procu-
rera le passage et néanmoins,
si, d'ici à cette décision, il se
trouvoit des commerçants françois ou Canadiens ou autres
personnes qui voulussent passer
en France, le général anglois
leur en donneroit également la
permission. Les uns et les autres
emmèneront avec eux leurs familles, domestiques et bagages.

ARTICLE 37

Accordé comme par l'article vingt-six.

Les Seigneurs de terre, les
officiers militaires et de justice,
les Canadiens, tant des villes
que des campagnes, les François
établis ou commerçants dans
toute l'étendue de la colonie de
Canada et toutes les autres personnes que ce puisse être conserveront l'entière paisible propriété et possession de leurs
biens seigneuriaux et roturiers,
meubles et immeubles, marchandises, pelleteries et autres
effets, même de leurs bâtiments
de mer. Il n'y sera point touché
ni fait le moindre dommage
sous quelque prétexte que ce
soit. Il leur sera libre de les
conserver, louer, vendre, soit
aux François ou Anglois, d'en
emporter le produit en lettres
de change, pelleterie, espèces
sonnantes ou autres retours,
lorsqu'ils jugeront à propos de
passer en France, en payant le
fret comme à l'article vingt-
six.

Ils jouiront aussi des pelleteries qui sont dans les postes
d'En-haut, qui leur appartiennent et qui peuvent même être
en chemin de se rendre à Montréal ; et, à cet effet, il leur sera
permis d'envoyer dès cette an-

née ou la prochaine des canots équipes pour chercher celles de ces pelleteries qui auront resté dans ces postes.

ARTICLE 38

C'est au Roi à disposer de ces anciens sujets. En attendant, ils jouiront des mêmes privilèges que les Canadiens.

Tous les peuples sortis de l'Acadie, qui se trouveront en Canada, y compris les frontières du Canada du côté de l'Acadie, auront le même traitement que les Canadiens et jouiront des mêmes privilèges qu'eux.

ARTICLE 39

Accordé, excepté à l'égard des Acadiens.

Aucuns Canadiens, Acadiens ni François, de ceux qui sont présentement en Canada et sur les frontières de la colonie du côté de l'Acadie, du Détroit, de Michilimakina et autres lieux et postes du pays d'En-haut, ni les soldats mariés et non mariés restant en Canada, ne pourront être portés ni transmigrés dans les colonies angloises, ni en l'ancienne Angleterre, et ils ne pourront être recherchés pour avoir pris les armes.

ARTICLE 40

Article qui a déjà été refusé.

Les Sauvages ou Indiens alliés de Sa Majesté Très Chrétienne seront maintenus dans les terres qu'ils habitent, s'ils veulent y rester. Ils ne pourront être inquiétés sous quelque prétexte que ce puisse être pour avoir pris les armes et servi Sa Majesté Très Chrétienne.

Ils auront comme les François la liberté de religion et conserveront leurs missionnaires. Il sera permis aux vicaires généraux actuels et à l'évêque, lorsque le siège épiscopal sera rempli de leur envoyer de nouveaux missionnaires, lorsqu'ils les jugeront nécessaires.

ARTICLE 41

Ils deviennent sujets du Roi.

Les François, Canadiens et Acadiens qui resteront dans la colonie, de quelque état ou condition qu'ils soient, ne seront ni ne pourront être forcés à prendre les armes contre Sa Majesté Très Chrétienne ni ses alliés directement ni indirectement. Dans quelque occasion que ce soit, le gouvernement britannique ne pourra exiger d'eux qu'une exacte neutralité.

ARTICLE 42

Répondu par les articles précédents et particulièrement par le dernier.

Les François et Canadiens continueront d'être gouvernés suivant la coutume de Paris et les lois et usages établis pour ce pays, et ils ne pourront être assujettis à d'autres impôts que ceux qui étoient établis sous la domination françoise.

ARTICLE 43

Accordé avec la réserve déjà faite.

Les papiers du gouvernement resteront, sans exception, au pouvoir du marquis de Vaudreuil et passeront en France avec lui. Ces papiers ne pourront être visités, sous quelque prétexte que ce soit.

ARTICLE 44

Il en est de même de cet article.

Les papiers de l'Intendance, des bureaux du contrôle de la marine, des trésoriers anciens et nouveaux, des magasins du Roi, du bureau du domaine et forges de Saint-Maurice resteront au pouvoir de M. Bigot, intendant, et ils seront embarqués pour France dans le vaisseau où il passera. Ces papiers ne seront point visités.

ARTICLE 45

Accordé.

Les registres et autres papiers du Conseil Supérieur de Québec, de la prévôté et amirauté de la même ville, ceux des juridictions royales des Trois-Rivières et Montréal, ceux des juridictions seigneuriales de la Colonie, les minutes des actes des notaires des·villes et des campagnes, et généralement les actes et autres papiers qui peuvent servir à justifier l'état de la fortune des citoyens, resteront dans la colonie dans les greffes des juridictions dont ces papiers dépendent.

ARTICLE 46

Accordé.

Les habitants et négociants jouiront de tous les privilèges du commerce aux mêmes faveurs et conditions accordées aux sujets de Sa Majesté Britannique, tant dans les pays d'En-haut que dans l'intérieur de la colonie.

ARTICLE 47

Accordé, excepté ceux qui auront été faits prisonniers.

Les nègres et païns des deux sexes resteront en leur qualité d'esclaves en la possession des François et Canadiens à qui ils appartiennent. Il leur sera libre de les garder à leur service dans la colonie ou de les vendre. Ils pourront aussi continuer à les faire élever dans la religion romaine.

ARTICLE 48

Accordé.

Il sera permis au marquis de Vaudreuil, aux officiers généraux et supérieurs des troupes de terre, aux gouverneurs et états majors des différentes places de la colonie, aux officiers militaires et de justice et à toutes autres personnes qui sortiront de la colonie ou qui en seront déjà absents, de nommer et établir des procureurs pour agir pour eux et en leur nom dans l'administration de leurs biens meubles et immeubles, jusqu'à ce que la paix soit faite ; et, si, par le traité des deux couronnes, le Canada ne rentre point sous la domination françoise, ces officiers ou autres personnes ou procureurs pour eux auront l'agrément de vendre leurs seigneuries, maisons et aucuns biens fonds, leurs meubles et effets, et d'en emporter ou faire passer le produit en France, soit en lettres de change, espèces sonnantes, pelleteries ou autres retours, comme il est dit en l'article 37.

ARTICLE 49

Accordé.

Les habitants et autres personnes qui auront souffert quelque dommage en leurs biens meubles et immeubles restés à Québec sous la foi de la capitulation de cette ville pourront faire leurs représentations au gouvernement britannique qui leur rendra la justice qui leur sera dûe contre qui il appartiendra.

ARTICLE 50

Accordé.

La présente capitulation sera inviolablement exécutée en tous ses articles de part et d'autre et de bonne foi nonobstant toute infraction et tout autre prétexte par rapport aux précédentes capitulations et sans pouvoir servir de représailles.

ARTICLE 51

On aura soin que les sauvages n'insultent aucun des sujets de Sa Majesté Très Chrétienne.

Le général anglois s'engagera, en cas qu'il reste des sauvages après la reddition de cette ville, à empêcher qu'ils n'entrent dans les villes et qu'ils n'insultent en aucune manière les sujets de Sa Majesté Très Chrétienne.

ARTICLE 52

Répondu par l'article 11.

Les troupes et autres sujets de Sa Majesté Très Chrétienne qui doivent passer en France seront embarquées quinze jours au plus tard après la signature de la présente capitulation.

ARTICLE 53

Accordé.

Les troupes et autres sujets de Sa Majesté Très Chrétienne qui devront passer en France resteront campées ou logées dans la ville de Montréal et autres postes qu'elles occupent présentement, jusqu'au moment qu'elles seront embarquées pour le départ. Il sera néanmoins accordé des passeports à ceux qui en auront besoin pour les différents lieux de la colonie pour aller vaquer à leurs affaires.

ARTICLE 54

Accordé.

Tous les officiers et soldats des troupes au service de France qui sont prisonniers à la Nouvelle-Angleterre et faits en Canada seront renvoyés le plus tôt qu'il sera possible en France où il sera traité de leur rançon ou échange suivant le cartel ; et, si quelques-uns de ces officiers avaient des affaires en Canada, il leur sera permis d'y venir.

ARTICLE 55

Accordé, à la réserve de ce qui regarde les Acadiens.

Quant aux officiers de milices, aux miliciens et aux Acadiens qui sont prisonniers à la Nouvelle-Angleterre, ils seront renvoyés sur leurs terres.

REMARQUES DE L'ÉDITEUR

Pour l'impression de ce *Journal,* on s'est conformé entièrement au manuscrit tel que collationné par l'archiviste français, M. Lecestre. On fait seulement remarquer ce qui suit pour l'intelligence du texte :

Page 39, *ligne* 26......... l'ancien capitaine, *il faudrait lire* le plus ancien capitaine.

Page 53, *ligne* 20......... Epinengs, *il faudrait lire* Nipissings (?).

"	64,	"	20.........	crénenchée, "	crénelée (?).
"	80,	"	24.........	M. de Pouraillés,"	M. de Poulariez.
"	115,	"	16.........	M. de Malartie, "	M. de Malartic.
"	125,	"	6	Penissant, "	Penissaut.
"	149,	"	25	dans nuit, "	dans la nuit.
"	166,	"	27.........	Apotaches, "	Apalaches.
"	182,	"	15.........	Thechemins, "	Etchemins.
"	204,	"	13.........	Le 26, "	Le 16.
"	217,	"	25.........	Towsend, "	Townshend.
"	219,	"	5.........	Jeannès, "	Joannès.
"	220,	"	16.........	Joanne, "	"
"	272,	"	32 et 36..	Mélonèze, "	Meloises.
"	296,	"	3.........	Noray, "	Lanoraye.

TABLE DES MATIÈRES

———

C. O. BEAUCHEMIN & FILS, LIBRAIRES-IMPRIMEURS

256 et 258, rue Saint-Paul, Montréal.

www.ingramcontent.com/pod-product-compliance
Lightning Source LLC
Chambersburg PA
CBHW050151030726
47505CB00005B/1318